Berndt Marmulla

Ein Mord wie im Kino

Authentische Kriminalfälle aus der DDR

Das Neue Berlin

Aus Gründen des Persönlichkeitsschutzes wurden alle Namen von Tätern und Opfern sowie Tatorte verfremdet. Namensgleichheiten sind dem Zufall zuzuschreiben.

ISBN 978-3-360-02163-2

Umschlaggestaltung: Buchgut, Berlin,
unter Verwendung eines Motivs von Fotolia@zea_lenanet
Abbildungen: Archiv Marmulla S.64, 68, 101, 103, 111, 116, 121, 124, 127, 139, 145, 146, 150, 151, 158, 165, 170, 172, 173, 174, 175, 176;
Robert Allertz S. 14, 28, 37, 60, 74, 82, 86, 98, 147
Druck und Bindung: CPI Moravia Books GmbH

Ein Verlagsverzeichnis schicken wir Ihnen gern:
Das Neue Berlin Verlagsgesellschaft mbH
Neue Grünstr. 18, 10179 Berlin
Tel. 01805/30 99 99
(0,14 Euro/Min., Mobil max. 0,42 Euro/Min.)

Die Bücher des Verlags Das Neue Berlin
erscheinen in der Eulenspiegel Verlagsgruppe.

www.eulenspiegel-verlagsgruppe.de

Inhalt

Frauen als Mörderinnen

Die Statistik gibt jenen recht, die Frauen für das sanftere Geschlecht halten. Und sollten sie mal morden, dann allenfalls mit Gift. In diesem Band wird von drei Fällen berichtet, in denen dies widerlegt wird. Da töten Frauen mit Hammer, mit der Schere oder lassen mit dem Beil zuschlagen. Ist das typisch?

Es ist vermutlich so atypisch, wie diese Verbrechen nicht unbedingt exemplarisch für die DDR-Gesellschaft sind, in der sie sich in den 60er, 70er und 80er Jahren zutrugen. Aber es gab sie. Dass sie damals nicht in der Zeitung standen und darum in der Öffentlichkeit auch nicht publik wurden, bedeutet nicht, dass »so etwas« nicht stattfand.

Mag sein, dass in Berlin, der Hauptstadt, begünstigende Umstände existierten. In einer Großstadt mit mehr als anderthalb Millionen Menschen passiert objektiv mehr als in kleineren Ortschaften, wo das Netz wechselseitiger Aufmerksamkeit und Kontrolle ein wenig engmaschiger war (und ist). Zugleich aber widerlegen solche Verbrechen die heutzutage gern kolportierte These von der flächendeckenden Überwachung: Hätte sie bestanden, wäre manches Opfer eines Gewaltverbrechens heute noch am Leben.

Das ironische Bonmot von Gerichtsmedizinern, demzufolge unsere Friedhöfe wie Spargelfelder aussähen, würden all jene Menschen, die eines unnatürlichen Todes gestorben sind, ihren Finger aus der Grube recken, verweist zwar zunächst auf das (aktuelle und darum beklagte) Manko, dass Tote hierzulande zu wenig und zu oberflächlich untersucht würden. Aber es macht zugleich auch den Umstand sichtbar: In jeder Gesellschaft, in jedem Staat gibt es Bereiche, die sich kollektiver Kontrolle entziehen.

So verhielt es sich auch bei den drei nachfolgend geschilderten Fällen. Es handelte sich um labile, charakterschwache, im Grunde um asoziale Personen, die sich weder helfen lassen mochten noch überhaupt meinten, dass man ihnen helfen wollte, sondern jegliche Unterstützung als eine Art Bevormundung ablehnten oder sich ihr entzogen.

Dabei wird niemand asozial geboren, der Mensch ist von Natur aus ein Gemeinschaftswesen. Es sind immer auch die Umstände, die Menschen werden lassen, was sie am Ende sind. Insofern sind die Lebensläufe und Charaktereigenschaften der hier behandelten Täterinnen gleichsam aus dem Lehrbuch, sind so exemplarisch wie nur irgendwas. Sie wuchsen in Familien auf, die diese Bezeichnung nicht verdienten, »Väter« kamen und gingen, statt Liebe und Zuwendung herrschten Gewalt und Jähzorn, es wurde getrunken und geschlagen, vergewaltigt und missbraucht. So etwas pflanzt sich in den Generationen fort.

Da konnten (und können) die Institutionen des Gemeinwesens noch so aufmerksam sein: Das meiste, was hinter den Wohnungstüren geschieht, bleibt ihren Blicken verborgen.

Ich weiß, wovon ich schreibe: Seit Ende der 60er Jahre war ich bei der Polizei. Bis 1990 leitete ich im Berliner Polizeipräsidium das Dezernat X (Schwere Verbrechen und Serientäter), danach arbeitete ich in der Direktion Spezialaufgaben der Verbrechensbekämpfung im Raubdezernat. Als Kriminaloberrat schied ich zwar aus dem Polizeidienst, nicht aber aus dem Beruf. Ich bin noch immer als Sachverständiger für Kriminalistik und als Privatdetektiv tätig.

Mit diesem Buch beginne ich, über Fälle aus meiner aktiven Zeit zu berichten, bei denen ich direkt oder indirekt an der Ermittlungen beteiligt war.

Im ersten Fall verliert ein gutmütiger Rentner sein Leben, der offensichtlich jemandem im Wege ist … Oder da ist jene Berlinerin, die zwischen ihren Gefängnisaufenthalten vom Klauen und von Gelegenheitsprostitution lebte. Sie ersticht eine Bekannte, weil die sich weigert, ihr fünfhundert Mark zu leihen. Und: Eine junge Frau erschlägt den 13-jährigen Sohn jenes Mannes, der sie mit 16 zum ersten Mal beschlief. Warum?

Drei ungewöhnliche Fälle, in denen Frauen eine maßgebliche Rolle spielten, die man ihnen gemeinhin nicht zugetraut hätte.

Kriminaloberrat a. D. Berndt Marmulla
Berlin, im März 2013

Ein Mord wie im Kino

»Der Apfel ersetzt eine ganze Apotheke.« Otto Siedler lächelt wie der leicht gelbe Kornapfel, den er seiner Nichte reicht. Das habe seine Großmutter immer gesagt, und damit hätte sie recht behalten. Jeden Tag ein Apfel, das ist die beste Altersvorsorge. »So wird man uralt.«

Über ihren Köpfen donnert ein Flugzeug im Landeanflug. Das Gebiet mit Kleingärten und Einfamilienhäusern im Nordosten Berlins liegt in der Einflugschneise von Tegel, dem Westberliner Flughafen. Die in Pankow lebenden Menschen haben sich daran gewöhnt. Berliner sind flexibel, sie stellen sich rasch auf neue Situationen ein. Als Siedler damals, im Sommer vor 22 Jahren, nicht mehr zu seiner Schwester nach Charlottenburg konnte, hatte er sich wie die vielen anderen, denen die Verwandten und Freunde in Westberlin zwangsweise abhanden gekommen waren, erst mächtig aufgeregt, dann aber geschluckt. Seit neun Jahren ist er Rentner, da stellt die Mauer kein Hindernis mehr dar. Und Rosi, seine Nichte, kommt ohne Probleme herüber. Sie musste nur das »Eintrittsgeld« zahlen, jene 25 D-Mark, welche die meisten »Zwangsumtausch« nennen – zu Recht. Bei der Einreise hat jeder aus dem Westen inzwischen diesen Betrag gegen 25 Ostmark zu tauschen. Die Maßnahme begründet man damit, dass während des Aufenthaltes in der DDR schließlich Ausgaben anfallen, etwa Restaurantbesuche und Fahrgeld für den Nahverkehr. Und diese Beträge sollen gefälligst in der gültigen Landeswährung beglichen werden. Dass seit der Einführung des beschönigend »Mindestumtausch« genannten Wegezolls dessen Höhe ständig wechselt, kann nicht mit der Inflationsrate erklärt werden. Die Einreisenden begann man 1964 zu schröpfen. Bundesbürger hatten pro Tag fünf, Westberliner drei Mark zu entrichten. Unter Honecker unterschied man nicht mehr zwischen Bundesbürgern und Westberlinern, ab 1973 hatte jeder für Reisen in die Republik zwanzig, für den Besuch der DDR-Hauptstadt zehn D-Mark zu entrichten. Später reduzierte man die Sätze, weil man in Bonn für Gut-Wetter sorgen wollte, um 1980 schließlich den Betrag dramatisch anzuheben auf eben jene stolzen 25 Mark.

Inzwischen kommt Siedlers Schwester nicht mehr, sie war erst bettlägerig, dann ist sie verstorben. Doch Rosi, ihre Tochter, besucht an Wochenenden gern Onkel und Tante in Ostberlin. Besonders im Sommer, wenn Siedler und seine Frau Elli im Garten sind. Er hatte das Grundstück gleich nach dem Krieg für'n Appel und'n Ei, wie man in Berlin sagt, erworben. In den späten 60er Jahren baute er die Laube aus, so dass sie ganzjährig draußen hätten wohnen können, wenn sie es gewollt hätten. Den Aus- und Umbau verdankte Siedler der Rekonstruktion der Werner-Seelenbinder-Halle. Dort hatte er so viel Baumaterial, vor allem Bretter, abzweigen können, dass es nicht nur für einen Geräteschuppen reichte, sondern auch für eine erhebliche Erweiterung der Laube. Das ist nun eine richtige Datsche mit fließend warmem Wasser aus dem Boiler, mit Dusche und WC und einer überdachten Terrasse. Als gelernter Maurer und Bautischler hatte er sich hier geradezu ausgetobt.

Geheizt wird mit einem Ölradiator, den er sich von einer Urlaubsreise aus der Sowjetunion mitgebracht hat. In der DDR gibt es solche elektrischen Wärmeöfen nicht, weil sie zu viel Strom fressen.

So können die Siedlers die meiste Zeit des Jahres, seit sie Rentner sind, auf dem Grundstück in Niederschönhausen zubringen. Sobald der Herbst in den trüben, ungemütlichen November eintritt, macht Siedler das Anwesen winterfest. Er baut die elektrische Pumpe aus, lässt den Kessel wie auch die Boiler und den Spülkasten leerlaufen. Anschließend nagelt er die Pressspanplatten vor die Fenster und verrammelt alle Türen. Das ist das alljährliche Ritual. Darin folgt er mehr einer Gewohnheit denn der Sorge, es könnte eingebrochen werden. Das passiert hier so gut wie nie. Erstens leben in der Nachbarschaft dauerhaft etliche Menschen, was potenzielle Diebe abschreckt. Zweitens ist in den Lauben nicht viel zu holen. Und drittens schließlich: wozu und warum? Es gibt weder Obdachlose, die ein Winterquartier suchen, noch Beschaffungskriminalität, weil es im Land keine Drogensüchtigen gibt.

»Bringst du mich nachher zum Bahnhof Friedrichstraße?« Rosi beißt kräftig in den Apfel. Er besitzt noch die fruchtige Säure eines Klarapfels kurz vor der Vollreife. Es ist nur eine Frage von wenigen Tagen, bis der Geschmack kippt. Sobald die Äpfel goldgelb ins Gras fallen, schmecken sie mehlig. Es sind die ersten Äpfel des Jahres, sie werden mit dem Korn reif, deshalb hat nahezu jeder einen solchen Baum in seinem Schrebergarten stehen. Aber sie taugen nicht zum Vermosten und nicht zum Einwecken, nicht einmal als Belag für einen Blechkuchen sind sie geeignet: zu saft- und zu geschmacklos.

»Natürlich bringe ich dich.« Siedler schnurpst ebenfalls einen Apfel. Sie hätten die paar hundert

Meter auch zu Fuß bis zum S-Bahnhof Pankow-Heinersdorf laufen und von dort bis zum Grenzübergang mit der Stadtbahn fahren können. Doch irgendwie müssen die 25 Mark ausgegeben werden, da es ja sonst keine Gelegenheit dazu gibt. Morgens kommt Rosi zum gemeinsamen Frühstück, dann liegt man tagsüber in der Sonne und quatscht, pusselt in den Beeten oder vertreibt sich die Zeit mit einem Spaziergang durch die Anlage und trinkt Kaffee unterm Dach des ausladenden Walnussbaums. Später wird der Grill angeworfen und ordentlich gespachtelt: Steaks, Würste, Hühnerbeine. Was nicht verzehrt wird, kommt in Folie und anschließend in Rosis Tasche. Dort befinden sich, je nach Jahreszeit, frisches Obst und Gemüse aus dem Garten, beginnend mit Rhabarber, endend mit Grünkohl nach dem ersten Frost, im Herbst sind es sogar Kartoffeln. Denn die schmecken einfach besser. Wann also hätte sie Geld ausgeben können oder gar müssen?

Tatort Gartengrundstück, Foto 2013

So lässt sie sich denn, wie viele andere auch, für das zwangsweise eingetauschte Ostgeld mit dem Taxi kutschieren. Es langt selbst noch für die Rückfahrt, denn Taxifahren ist billig, wie alles im Osten. Es herrscht jedoch, ebenfalls typisch DDR, auch bei den Mietdroschken Mangel. Manchmal steht Rosi ewig am Bahnhof Friedrichstraße, ehe sie in der Warteschlange bis zur Bürgersteigkante vorgerückt ist und wieder mal eine Taxi vorbeikommt. Retour geht es schneller. Inzwischen fahren in Ostberlin sogenannte Funktaxis, und sofern man ein Telefon oder eine Telefonzelle in der Nähe hat, kann man ein Gefährt zu einer bestimmten Zeit ordern. Wie immer hat Onkel Otto auch heute – am letzten Julitag des Jahres 1983, einem Sonntag – längst ein Gefährt für 21 Uhr in den Garten nach Pankow-Heinersdorf bestellt.

Siedler ist kein besonders gesprächiger Mann. Die Arbeit auf dem Bau hat ihn hart und stumm werden lassen. Die meiste Zeit sitzt er schweigend neben seiner Frau, wenn diese schnattert, und starrt ins Blattwerk über dem Tisch oder lächelt seine Nichte an, die die Wortkaskaden über sich herniedergehen lässt. Offenkundig geht auch ihr die Tante auf den Geist. Elli ist Ende sechzig und sechs Jahre jünger als ihr Mann. Das Verhältnis der beiden ist nicht sonderlich innig. Man erträgt sich halt. Das liegt vermutlich an den Umständen. Nach vielen gemeinsamen Ehejahren hat man sich nichts mehr zu sagen. Positiv formuliert: Die beiden verstehen sich blind. Man kann es aber auch so sagen: Es herrscht gähnende Leere zwischen ihnen. Elli hat zeitlebens im Konsum gearbeitet und ist schlichten Gemüts, Otto war immer auf dem Bau. Worüber sollten sie miteinander reden? Sie hatten sich gefunden, als Ottos Frau verstorben und Rosi geschieden worden war. Nicht Liebe brachte sie zusammen, sondern die Not. Otto brauchte jemanden, der ihm die Sachen wusch und das Essen kochte, und Elli einen Mann, an dessen Schultern sie sich ausruhen konnte und der ordentlich Geld brachte. Sie war damals alsbald zu ihm in seine schöne Wohnung in der Richard-Sorge-Straße gezogen.

Ihre Tochter Irene hatte zunächst kritisch, gar ablehnend reagiert. Aber letztlich war es ihr egal, mit wem die Mutter zusammenlebte. Sie hatte genug mit sich selbst zu tun. Irene Krause war in der Vergangenheit wiederholt mit dem Gesetz in Konflikt geraten und verurteilt worden. Ende der 60er Jahre – keine dreißig Jahre alt – musste sie wegen schweren Raubes sogar ins Gefängnis. Ihr Mann Herbert, gleich ihr dem Alkohol zugetan, trennte sich damals von ihr. Doch nachdem sie aus dem Knast gekommen war, kroch man wieder zusammen. »Pack schlägt sich, Pack verträgt sich«, urteilt der Volksmund abfällig über solche Verbindungen. Seit ihrer Entlassung führen die beiden ein nach außen wenig auffälliges Leben. Hin und wieder kommen Irene Krause und ihr geschiedener Mann in den Garten und schütten sich ordentlich beim Grillen einen auf die Lampe, um dann am nächsten Tag mit Kater zur Arbeit zu schleichen.

Tochter Marina, die sie mit 17 bekommen hat, geht schon lange eigene Wege und ist verheiratet. Wer Marinas Vater ist, kann Irene Krause nicht sagen. Sie war damals im Vollrausch von mehreren Männern nach einer Tanzveranstaltung im Friedrichshain vergewaltigt worden und konnte sich anschließend an nichts mehr erinnern. Marina, die inzwischen Meyer heißt, kommt gelegentlich mit ihrem Mann ebenfalls aufs Grundstück. Diese häufigen Zusammentreffen im Garten sind keinem ausgeprägten Familiensinn zuzuschreiben oder einer besonderen Anhänglichkeit, sondern wohl eher dem Mangel an Alternativen. Außerdem gibt es dort immer reichlich zu essen und zu trinken, was auch nicht zu verachten ist. Erstens setzt man sich an den gemachten Tisch, und zweitens hilft es sparen. So »dicke« hat es keiner von ihnen.

Otto Siedler fühlt sich bei diesen Familientreffen, ohne dass er dies konkret benennen oder an bestimmten Reaktionen hätte festmachen können, stets irgendwie ausgegrenzt. Wenn seine Frau, deren Tochter und ihre Marina die Köpfe schnatternd zusammenstecken, hält er sich von ihnen fern. Diese Weiberclique scheint ihm irgendwie fremd, auch deren Männer sind es. Er gehört jedenfalls nicht dazu. Da steht ihm seine Nichte Rosi aus Westberlin wesentlich näher. Das ist sein eigen Fleisch und Blut, gewissermaßen »seine« Familie. Die anderen sind angeheiratet. Er mag die stille Rosi wegen ihrer sanften Art. Sie arbeitet drüben als Friseuse und lebt nicht sonderlich üppig, Trinkgeld, dass hat Otto wiederholt beobachtet, wenn er in Westberlin war, gibt man dort selten. Die meisten Westberliner sind knickrig und lassen sich selbst im Restaurant bis auf den Groschen herausgeben. Im Osten ist man da erheblich großzügiger. Beim Frisör lässt man beim Hinausgehen stets unauffällig in die Tasche der Kittelschürze einen Fuffziger, wenn nicht sogar eine Mark fallen.

Obgleich die alleinstehende Rosi nicht viel hat, steckt sie Otto hin und wieder einen Schein zu. Auch vermittelt sie hin und wieder einen Job im Hause. Bei den Nachbarn ist immer etwas zu reparieren, und der Mann aus Ostberlin ist nicht nur geschickt und bringt alles wieder zum Laufen, sondern er ist vor allem preiswert. Billiger als die Handwerker, die man ruft, wenn der Abfluss verstopft ist oder die Heizung tropft, wenn das Fenster nicht schließt oder die Sicherung immer wieder herausfliegt. Otto Siedler ist clever und ausgeschlafen, im Osten hat er zeitlebens improvisiert und sich wie die meisten anderen auch selbst zu behelfen gewusst.

Die dankbaren Westberliner zahlen in bar oder mit Naturalien. Otto nimmt eine alte Bosch-Bohrmaschine ebenso erfreut als Bezahlung entgegen wie ein Kilo Bananen. Einmal schenkt ihm eine Witwe, der er die Küche und den Flur gestrichen hat, eine goldene Uhr ihres verstorbenen Mannes. Der hat davon ein Dutzend hinterlassen. Die Chronometer liegen neben anderen Erinnerungsstücken in einem Schubfach in der Vitrine nutzlos herum. Die Uhr gefällt ihm, sie macht etwas her. Und darum trägt er sie seither stolz am Handgelenk, nachdem er sie beim Uhrmacher in der Richard-Sorge-Straße fachmännisch hat reinigen und überholen lassen. Naja, mehr Schein als Sein, hatte der gesagt, als Otto das vermeintlich kostbare Stück bei ihm abholte und die Generalüberholung bezahlte. Außen hui, innen pfui. Das Gold sei auch nur ein dünner Überzug.

So hat Otto Siedler über die Jahre daheim etliche »bunte Scheine« angehäuft. Er spart für nichts und kann darum auch nicht sagen, was er damit anfangen wird. Vielleicht leistet er sich mal einen großen Farbfernseher. Die in der DDR sind ja nicht nur sündhaft teuer, sondern auch erkennbar schlechter als jene, die es drüben gibt. Aber wie bekommt er die Kiste über die Grenze und durch den Zoll? So hat er diesen Gedanken nicht weiter verfolgt und häuft stattdessen

Scheinchen auf Scheinchen im Vertiko in der Stadtwohnung und lebt mit dem Wissen dahin: wenn er denn wollte, dann könnte er …

Rosi lässt den Stiel auf den kurz geschnittenen Rasen fallen und tritt ihn breit. »Noch einen?«, erkundigt sich Otto Siedler. Und als er damit Kopfschütteln auslöst, legt er nach. »Willst du ein paar mitnehmen? Wenn du das nächste Mal kommst, dann sind die bereits weg.«

»Ja, aber dafür ist dann der Boskop reif.«

»Nee, das ist ein Winterapfel. Den pflücke ich als letzten. Der schmeckt erst zu Weihnachten.«

»Ach, Onkel Otto, Weihnachten esse ich Apfelsinen aus Kalifornien und Weintrauben aus Südafrika und Äpfel aus Neuseeland.«

»Ob das so gut ist?«

»Was?«

»Dass man unabhängig von der Jahreszeit alles Obst essen kann? Das ganze Jahr Erdbeeren, Wein, Äpfel, Birnen und so weiter. Wo bleibt da die Vorfreunde nach dem monatelangen Verzicht?«

Rosi blickt nachdenklich über die Hecke in den Nachbargarten. »Das ist nicht das Problem. Erdbeeren können auch im Herbst schmecken – wenn sie denn unter der Sonne und nicht in einem holländischen Gewächshaus reifen. Die haben doch kaum Aroma und schmecken nach nichts.«

»Wie eure Schrippen. Viel Luft und noch mehr Krümel, wenn man hineinbeißt. Die haben auch keinen Geschmack.« Otto Siedler schüttelt sich, die Abneigung steht ihm ins Gesicht geschrieben.

»Jaja, du mit deinen Ostschrippen für fünf Pfennig das Stück. Das kann sich doch nicht rechnen.«

»Gewiss nicht. Aber sie schmecken.«

Auf der Terrasse hat Elli eingedeckt und ruft, dass der Kaffee fertig sei.

»Hast du den wieder mitgebracht?« Otto Siedler schaut seine Nichte fragend an. »Das sollst du doch nicht.«

»Westkaffee ist Westkaffee. Erstens schmeckt er besser als euer kosta, Rondo, Mona oder wie dieses Schrot heißt. Und zweitens ist er billiger. 125 Gramm kosta für 7,50 Mark – das sind 30 Mark fürs Pfund. Dafür zahle ich bei uns nicht einmal ein Zehntel.«

Die beiden schreiten über den Rasen wie über einen weichen Teppich. Otto wässert täglich, düngt regelmäßig und hält die Halme kurz. Der Rasen ist sein ganzer Stolz.

Die sonntägliche Kaffeetafel ist wie immer. Der Kuchen ist frisch gebacken und natürlich von Elli, der Duft des Kaffees überlagert aber den des Gebäcks. So sitzt man denn und schwätzt und schweigt, zumindest Otto sagt nichts. Irgendwann erhebt er sich und geht nach drinnen. Irgendwo auf der Welt findet immer ein Rennen der Formel 1 statt, das von der ARD übertragen wird. Das Röhren der Maschinen dringt bis nach draußen.

»Nicht so laut!«, ruft Elli, »wir verstehen unser eigenes Wort nicht.« Ihr Ton hat eine unangenehme Schärfe. Sie muss gesehen haben, dass Rosi bei ihrer heftigen Aufforderung leicht zusammengezuckt war, und meint, sich erklären zu müssen. Es sei nicht mehr viel mit ihm los, sagt sie, er gehe ihr zunehmend auf die Nerven. Im Garten kann er nicht mehr viel machen, und ein anderes Hobby habe er nicht.

Wie sie das meine, fragt Rosi ein wenig überrascht. Sie ist der festen Überzeugung, dass die beiden gut miteinander klarkämen. Wie ein altes Ehepaar eben.

Elli macht eine wegwerfende Handbewegung, als wolle sie damit sagen, das alles sei der Rede nicht wert. Doch die Nichte besitzt ein feines Gespür für Stimmungen und Verwerfungen und gibt sich damit nicht zufrieden. »Habt ihr euch gestritten?«

»Ach, Quatsch, nein. Wie kommst du darauf?«

»Nur so.«

»Nur so, nur so«, äfft die Tante sie nach. »Das kommt eben in den besten Häusern vor, dass man sich manchmal nicht mehr riechen kann. Das vergeht aber auch wieder. Bestimmt.« Und als müsse sie das bekräftigen, wiederholt sie: »Bestimmt!«

So gehen der Nachmittag und der Abend dahin. Als das letzte Stück Fleisch vom Holzkohlegrill verzehrt bzw. in Rosis Tasche verschwunden ist und die Dunkelheit sich langsam herniedersenkt, fährt der Wolga mit dem gelben Schild auf dem Dach vor. Rosi drückt die Tante zum Abschied, dann huscht sie durchs Gartentor hinaus, der Onkel folgt ihr und setzt sich auf den Beifahrersitz. »Tränenpalast«, sagt er dem Fahrer. Der stellt den Kilometerzähler auf null, denn Taxameter gibt es in der DDR nicht. Abrechnet wird nach gefahrenen Kilometern. Von hier bis zum S-Bahnhof Friedrichstraße sind es elf.

Die Tante steht am Gartentor und winkt, als sich das Taxi in Bewegung setzt. Rosi winkt zurück und atmet innerlich auf. Es ist immer wieder nett, aber es ist auch schön, wenn es vorüber ist. Viel hat man sich nicht zu sagen, und die Gespräche kreisen immer um die gleichen Themen. Gott sei Dank, vier Wochen hat sie erst mal wieder Ruhe.

Der Taxifahrer rollt die Blankenburger hinunter, biegt in die Grabbeallee ein, passiert das Rathaus Pankow und stößt dann in die Schönhauser, in deren

Mitte die U-Bahn als Hochbahn verkehrt. Schließlich biegt er in die Wilhelm-Pieck-Straße, die auf die Friedrichstraße zuführt. Schon blinkt er links und brettert die einstige Berliner Vergnügungsmeile bis zum Bahnhof hinter der Weidendammer Brücke hinunter. Dort kreuzen sich S- und U-Bahn, und auch die Fernbahn hält hier an einem weißen Streifen, ehe sie weiter zum Bahnhof Zoo in Westberlin fährt.

Vorm Bahnhof steht seit 1962 ein gläserner Kasten, in dem die Ausreisekontrolle erfolgt. Draußen windet sich wie immer am Abend eine Warteschlange. Die Zurückbleibenden verabschieden sich dort von ihren Verwandten und Freunden, was der Abfertigungshalle ihren treffenden Namen gab.

Am Kopfende der Schlange ist ein Schalter, hinter dem ein Grenzsoldat sitzt, welcher als Erster einen Blick auf die Papiere wirft. Wer keinen Westpass oder als DDR-Bürger kein Ausreisevisum besitzt, wird hier bereits aussortiert. Wer gültige Reisedokumente hat, darf die Tür zum eigentlichen »Tränenpalast« passieren. Hinter der Pforte gehen einige Stufen in die Tiefe. Unten passiert man als Erstes den Zoll. Wer auffällt, darf seinen Koffer oder die Tasche auf einem der Tische öffnen. Danach geht es durch eine der vielen Schleusen, vorbei an einem Grenzer, der erhöht in einem Glaskasten sitzt. Der Durchgang links außen ist für Dienstreisende und Diplomaten. Die übrigen sind fürs Fußvolk bestimmt.

Rosi schiebt ihren Pass mit der gelben Zählkarte durch die Öffnung im Wachstand. Der Uniformierte legt die Karte beiseite, blickt aufs Passbild, dann durch die Scheibe, erneut in den Pass und lässt die obligatorische Aufforderung folgen: »Machen Se ma das linke Ohr frei.«

Draußen wendet bereits das Taxi, Otto Siedler hat sich nur kurz von Rosi verabschiedet, sie rasch in den Arm genommen und gedrückt, flüchtig war er mit seinem bartstoppligen Mund über ihre Wange gehuscht und dann wieder eingestiegen.

»Retour«, sagt er, als er sich ins Polster fallen lässt.

»Macht 25 Mark hin und zurück«, sagt der Fahrer griенend. So sind die Tarife. Sie orientieren sich am Mindestumtauschsatz. Siedler nickt, er weiß, dass dies zu viel ist, aber es ist nicht sein Geld. Klaglos reicht er den Tagessatz hinüber, das Geld verschwindet in der Hemdtasche des Fahrers.

Es ist gegen 22 Uhr, als Otto Siedler an der Kreuzung aus dem Taxi steigt. Bis zum Gartentor sind es nur etwa fünfzig Meter.

*

Gegen Mitternacht geht bei der Volkspolizei ein Notruf ein. Es meldet sich ein Herr Bartsch. Seine Gartennachbarin Elli Siedler habe ihren Mann in seinem Blut gefunden, leblos, vermutlich tot. Er liege unmittelbar hinter dem Gartentor.

»Teilnehmer«, sagt die Stimme, die sich nach der Wahl der 110 gemeldet hat.

»Bartsch ist mein Name. Ich bin der Nachbar von Siedlers, nicht Teilnehmer.«

»Gut, Herr Bartsch. Bleiben Sie ganz ruhig.«

»Ich bin ruhig.«

»Wo ist das passiert?«

»*Wo* es passiert ist, weiß ich nicht. Nur so viel: Frau Seidler, was meine Nachbarin ist, hat mich gebeten, weil ich ein Telefon habe, die VP zu informieren. Ich habe weder ihren Mann gesehen noch kann ich überhaupt etwas zu den Details sagen. Ich weiß nur, dass es offenkundig ein Notfall ist. Schicken Sie bitte einen Krankenwagen, eine Polizeistreife oder was man sonst in solchen Fällen losschickt.«

»Teilnehmer …«

»Ich heiße Bartsch, Kurt Bartsch.«

»Herr Bartsch, bitte geben Sie mir Ihre Telefonnummer und Ihre Adresse. Wir kommen vorbei.«

Wenig später treffen vor dem Grundstück mehrere Fahrzeuge gleichzeitig ein. Dem weißen Barkas der Dringlichen Medizinischen Hilfe (DMH) entsteigt der Bereitschaftsarzt Dr. Steinhöfel. Aus dem zivilen Wartburg schält sich Dr. Patzelt, Sachverständiger für gerichtliche Medizin. Am grünweißen Dienstfahrzeug der Volkspolizei lehnt bereits gelassen Major Horst Wrobel. Er leitet eine der beiden Berliner Morduntersuchungskommissionen (MUK). Diese gehören zum Dezernat II und sitzen im Polizeipräsidium in der Keibelstraße in Mitte.

Wrobel hat nur noch ein paar Jahre bis zur Rente. Er ist ein Kriminalist der alten Schule, ein harter Hund, wie man so sagt. Selten, dass er sich unmittelbar in die Ermittlungen einschaltet. er liebt es, im Hintergrund zu wirken und die Strippen zu ziehen. Doch heute hat er Dienst, und ehe er sich zu Tode langweilt, fährt er mit hinaus. Zu einem Tatort. Zumindest deutet alles darauf hin.

In der Nachbarschaft bellen die Hunde und brennen bereits die Lichter. Wenn mehrere Fahrzeuge sich um diese Zeit hierher verirren, Türen schlagen und Stimmen zu hören sind, bleibt das nicht ohne Folgen. Unweit von Wrobel warten Elli Seidler und Nachbar Bartsch. Der Major, der als Erster am Ort war, hatte die beiden begrüßt und sich kurz von ihnen ins Bild setzen lassen. Dann warf er nur einen Blick über den Zaun. Im Schein seiner Taschenlampe sah er einen auf dem Rücken liegenden Mann, der Kopf schien blutverschmiert. Sodann knipste er die Lampe aus und sagte, man wolle erst auf den Arzt und den Gerichtsmediziner warten.

»Sie sind die Frau?«

Elli Siedler schneuzt vernehmlich ins Tuch. Auf Wrobel wirkt sie erstaunlich ruhig und gefasst, auch wenn die Tränen fließen. »Ja.«

»Und Sie haben ihn gefunden. Wann war das?«

»Vor einer halben Stunde etwa.«

Wrobel nickt. »Erzählen Sie mal.«

»Was soll ich da erzählen? Ich habe es an der Blase, da muss ich regelmäßig raus.«

Der Major mustert sie. Die scheint völlig verwirrt, denkt er. »Beginnen wir doch besser ganz vorn. Wann haben Sie Ihren Mann zum letzten Mal lebend gesehen?«

»Als er ins Taxi gestiegen ist.«

»In welches Taxi?«

»Na, er hat doch unsere Rosi zum Bahnhof Friedrichstraße gebracht. Sie musste doch wieder zurück, nach Westberlin.«

»Und wann?«

»Na, bis 24 Uhr müssen die doch …«

»Ich meinte nicht, bis wann Ihre, Ihre …«

»Rosi? Das ist unsere Nichte, die Tochter von Ottos verstorbener Schwester.«

»… bis wann Ihre Nichte nach drüben musste, sondern wann genau sie mit dem Taxi abgefahren ist.«

»Das muss so gegen neun gewesen sein.«

»Und Ihr Mann ist mitgefahren, hat sie also bis zum Grenzübergang begleitet?«

Sie nickt. Und von dort habe er gleich wieder zurückkommen wollen, fügt Elli Siedler an.

»Mit dem Taxi?«

»Ja, das hat er gesagt.«

»Haben Sie ihn gehört, als er zurückkam?«

Elli Siedler schüttelt heftig den Kopf.

»Warum nicht?«

»Ich habe bereits geschlafen«, kommt zögernd die Antwort. Dann schneuzt sie sich erneut. »Ich bin etwa gegen 10 Uhr ins Bett und sofort eingeschlafen.«

»Da war er noch nicht da, Ihr Mann?«

»Nee. Auch nicht um 11, als ich zum ersten Mal aufs Klo bin. Sein Platz auf der Liege war leer, und auch im Nebenraum war er nicht. Ich dachte erst, dass er noch vorm Fernseher sitzt.«

»Und dann haben Sie sich wieder hingelegt.«

»Ja.«

»Kam es häufig vor, dass Ihr Mann allein weg war und erst spät in der Nacht zurückkehrte?«

Elli Siedler schüttelt den Kopf. »Eigentlich nie.«

»Und da machten Sie sich keine Sorgen, wo er sein könnte? Er wollte doch nur Ihre Nichte zum Bahnhof bringen. Wurden Sie nicht unruhig?«

»Wir sind erwachsene Leute, ich bitte Sie, Genosse Kommissar.«

»Major, Genosse Major«, korrigiert sie Wrobel sanft. »Sie wollen damit sagen, dass es für Sie keinen Anlass gab, besorgt zu sein, nur weil Ihr Mann etwas später nach Hause kommen würde?«

»So ist es. Nervös wurde ich erst, als ich zum zweiten Mal rausmusste. Das war gegen Mitternacht. Da bin ich auch in den Garten gegangen und habe mich umgeschaut. Das Tor war zu, aber nicht abgeschlossen, der Schlüssel allerdings steckte von innen. Das machte mich stutzig, denn warum war nicht abgeschlossen? Ich habe dann sofort Licht auf der Terrasse gemacht. Und da sah ich ihn liegen. In seinem Blut.«

»Haben Sie ihn sich angeschaut, ihn angesprochen, ihn vielleicht geschüttelt?«

»Nee, ich habe ihn nicht angefasst. Das sah ich doch, dass er tot war. Ich bin dann gleich rüber zu Herrn Bartsch, der hat ja ein Telefon.« Sie weist auf den Mann an ihrer Seite. Ein tiefer, lauter Schneuzer beendet die Feststellung.

»Und Sie haben nichts gehört? Keinen Schrei, kein Handgemenge, nichts?«

»Absolut nichts.« Wie zur Bekräftigung schüttelt sie ganz energisch den Kopf.

Inzwischen haben die beiden Mediziner ihre Taschen gegriffen, auch die Pankower Kollegen von Wrobel sind bereit. »Na, dann wollen wir mal«, sagt der Major und marschiert vorweg durchs Tor, er ist hier der Chef.

Das Licht mehrerer Taschenlampen erhellt den Tatort, wobei zunächst nicht erkennbar ist, ob es auch der Ort ist, an dem der Mann, der dort halb unter dem Busch liegt, niedergeschlagen und – allem Anschein nach – getötet wurde. Wrobel schaut sich um. Alles Rasen, gut gepflegt. Da ist nichts mit Fußspuren und dergleichen.

Der eine Kollege von der Kriminaltechnik hat bereits seine Kamera mit Blitzlicht gezückt. »Warten Sie noch«, bremst ihn Wrobel, »lassen Sie erst einmal Dr. Steinhöfel ran.«

Der Arzt trägt bereits weiße Gummihandschuhe und geht in die Knie. Er greift nach dem Hals und schüttelt den Kopf. »Kein Puls. Exitus.« Dann hebt er den Kopf an. Auf dem Schädeldach sind mehrere

Hinterm Gartentor, links im Unterholz, lag Otto Siedlers Leiche

Wunden zu erkennen, aus denen Blut ausgetreten ist. Die wenigen Haare sind verklebt. Der Mann sei vermutlich mit einem stumpfen Gegenstand erschlagen worden, vor vielleicht zwei Stunden, die Totenstarre beginne erst jetzt einzutreten. Genaueres werde die Sektion der Leiche ergeben, sagt Steinhöfel und erhebt sich. »Ich stelle den Schein aus. Als Todesart vermerke ich: unnatürlicher Tod durch fremde Gewalteinwirkung. Also, Genosse Wrobel, ein Fall für die MUK.«

Die Frau im Hintergrund schreit vernehmlich auf und presst sich das Taschentuch vor den Mund.

»Können Sie ihr etwas zur Beruhigung geben, Herr Doktor?« Und an Frau Siedler gewandt, erkundigt sich Wrobel, ob es Verwandte oder Bekannte gebe, die er informieren solle, damit sie in den nächsten Stunden nicht allein sei. Die Angesprochene winkt ab. Ihre Tochter sei bereits unterwegs, man müsse sich um sie keine Sorgen machen.

Wrobel mustert die Leiche. Aus der linken Hosentasche hängt das Taschentuch heraus, der Blouson ist auf der Seite, wo üblicherweise die Brieftasche steckt, nach außen gekehrt. Der Griff in die Tasche bestätigt Wrobels Vermutung.

»Hatte Ihr Mann ein Portemonnaie dabei oder eine Brieftasche?«

Elli Siedler nickt.

»Trug er die Papiere in der Gesäßtasche oder hier?«

Wieder nickt die Frau. Er habe die Brieftasche immer in der Jacke getragen.

»Hatte er viel Geld dabei?«

»In der Regel so um die hundert Mark. Für alle Fälle, wie er immer sagte.«

»Was meinte er damit?«

»Na, wenn er in der Stadt unterwegs war und es gab überraschend irgendwo etwas, da musste man flüssig sein, um zuschlagen zu können. Als er mal in die Zoologische Handlung ging – die liegt bei uns um die Ecke am Frankfurter Tor –, um Wasserflöhe für fünfzig Pfennig zu holen, kam er mit einem gusseisernen Grill für 120 Mark wieder. Nebenan war ein Eisenwarenladen, und die hatten gerade welche hereinbekommen. War aus der Konsumgüterproduktion von irgendeinem Kombinat. Da hatte er sofort zugegriffen, verstehen Sie. Deshalb hatte er stets Bargeld einstecken. Immer mindestens hundert Mark.«

Hm, grunzt Wrobel, das verstehe er. Aber in der Jacke stecke keine Brieftasche.

»Dann muss sie ihm geklaut worden sein«, sagt Elli Winter lakonisch und ohne jede Bewegung.

»Trug er eine Uhr?«

Wrobel schiebt den linken Jackenärmel nach oben. Das Handgelenk ist bloß.

»Ja, so eine goldene von drüben. Die hat er vor Jahren mal geschenkt bekommen.«

Okay, sagt der Major und erhebt sich. »Tatortsicherung«, befiehlt er einem seiner Kollegen, »fotografieren und Abtransport der Leiche. Sobald es hell wird, Spurensuche und -sicherung im Garten und davor. Befragung der Nachbarn, Ermittlung des Taxifahrers, Vernehmung der Ehefrau und anderer Verwandter. Na eben das ganze Programm. Wir sehen uns 8 Uhr zur Beratung.«

*

Wie jeden Morgen trifft sich die von Major Horst Wrobel geleitete Gruppe. Das halbe Dutzend Kriminalisten kommt in der sechsten Etage im Polizeipräsidium an einem eckigen Tisch zusammen und bespricht aktuelle Fälle und andere wichtige dienstliche Fragen. Nach dreißig Minuten ist in der Regel alles gesagt, danach kehrt jeder an seinen Schreibtisch zurück oder macht sich zu einem Einsatzort auf den Weg. So arbeiten Mordkommissionen auch im Westteil der Stadt – mit einem einzigen Unterschied: Im Osten steht man früher auf. Da beginnt die Arbeit in den Ämtern und Behörden bereits um 8 Uhr, nicht erst um 9. Und in der Regel dauert die Schicht auch ein wenig länger. Sie endet erst, wenn die Arbeit getan ist, und selten auf Glockenschlag 17 Uhr …

An diesem Morgen werden zunächst die Fakten in der Mordsache Siedler zusammengetragen. Es gibt eine Leiche, es gibt den Befund, dass der 74-jährige Rentner mit einem stumpfen Werkzeug – entweder Hammer oder Beil – erschlagen und anschließend beraubt wurde. Im Obduktionsbericht wird später die Rede sein von »mehrfachen Schlagverletzungen mit Schädeldach- und Schädelbasisbrüchen sowie Hirngewebsprellungen und starker Bluteinatmung«. Und ferner, dass die Blutalkoholuntersuchung nichts ergeben habe, der Befund also negativ gewesen sei, mit anderen Worten: Das Opfer war stocknüchtern, obgleich doch Wrobel und seine Kollegen meinten, in der Nacht einen auffallenden Schnapsgeruch festgestellt zu haben. Draußen im Freien und in der klaren Sommernacht nimmt man Fuseldünste besonders deutlich wahr.

Die Tatwaffe ist noch nicht gefunden, und wie die Frau des Opfers später bestätigen wird, stammt diese auch nicht aus dem Besitz ihres Mannes. Im Schuppen hängen bzw. liegen alle Werkzeuge an ihrem angestammten Platz, die Werkbank ist aufgeräumt wie immer.

Die Suche nach täteridentifizierenden Spuren, wie es im Amtsdeutsch heißt, verlief bis zur Stunde ergebnislos. Im Aufklärungsbericht vom 5. Oktober, ausgefertigt also reichlich zwei Monate nach dem Verbrechen, wird es an dieser Stelle darum heißen: »Auch von den tatortberechtigten Personen (darunter die Ehefrau Elli Siedler und deren Verwandte) wurden keine daktyloskopischen, trassologischen, biologischen oder sonstigen von ihnen verursachten Spuren festgestellt.« Keine Fingerabdrücke, keine verwertbaren Spuren von nichts und niemandem, nicht einmal von den Menschen, die im Garten Gast waren oder dort ständig lebten. Das aber muss nichts besagen und ist so ungewöhnlich nicht.

Major Wrobel entwickelt zunächst, was sich nach seiner Meinung auf oder vor dem Sommergrundstück in der Nacht abgespielt haben könnte. Natürlich ist das Spekulation, doch am Anfang aller Ermittlungen muss eine Hypothese stehen, aus der dann die nächsten Schritte abgeleitet werden. Sie sollen entweder die These stützen oder widerlegen. Auch der Nachweis, dass in eine falsche Richtung ermittelt wurde, ist hilfreich.

Er gehe davon aus, sagt Wrobel, dass der oder die Täter nicht zufällig und spontan gehandelt haben, er oder sie dürften auf Siedler gewartet haben.

»Sie werden ihm aufgelauert haben«, wirft ein junger Leutnant ein, was ein zustimmendes Kopfnicken bei Horst Wrobel auslöst.

»Ja, das sehe ich auch so. Es steckte noch der Schlüssel im Schloss des Gartentores. Das heißt, Siedler wird aufgesperrt haben und anschließend von innen verschließen wollen. Dabei bekam er wohl den ersten Schlag.«

Der Leutnant, offenkundig frisch von der Schule, schickt einen fragenden Blick zum Chef, den dieser registriert. Major Wrobels Gesicht verzieht sich zu einem leichten Grinsen. »Wenn Sie einen solchen Schlag verpasst bekommen, Genosse, da bleiben Sie auch nicht stehen. Sie fallen dann um wie ein Getreidesack. – Das bedeutet, dass die anderen Schläge erfolgten, als das Opfer bereits am Boden lag. Das schließt die Annahme einer zufälligen Begegnung oder einer Handlung im Affekt aus, wie eben auch die Tatsache, dass Siedler danach bestohlen wurde. Mit einem Satz: Wir haben es hier mit einem Raubmord zu tun, mit einer durchaus geplanten, also vorsätzlichen Tat.«

Die Männer am Tisch nicken, sie teilen die Einschätzung ihres Vorgesetzten. Und sie tun das nicht, weil er der Chef ist, sondern weil die Überlegungen logisch und plausibel sind.

Daraus werden nun die nächsten Schritte der Morduntersuchungskommission abgeleitet. Diese Maßnahmen, gemeinhin als »erster Angriff« bezeichnet, realisiert die MUK gemeinsam mit einer Einsatzgruppe der Kriminalpolizei der VP-Inspektion Pankow. Der Umstand, dass in den einzelnen Stadtbezirken eigenständige Gruppen von Kriminalisten operieren, erklärt die hohe Aufklärungsquote von Straftaten in der Stadt und im Land. Die sogenannten Territorialkriminalisten kennen sich bestens in ihrem Gebiet aus. In Fällen von Gewaltverbrechen wie diesem wird die MUK aus dem Bezirk oder in Berlin aus dem Polizeipräsidium automatisch hinzugezogen. Sie übernimmt dann die Federführung bei der Aufklärung des Verbrechens und erstellt dafür einen Untersuchungsplan.

Wrobel referiert. »Die drei Kriminalisten von der VPI Pankow werden ab morgen mit an unseren Besprechungen teilnehmen, der Leiter der Arbeitsgruppe Schwere Straftaten von der Inspektion war heute Nacht schon mit vor Ort.« Er macht eine Pause. Dann beginnt er die Punkte zu benennen, die vordringlich zu bearbeiten sind.

»Wir haben einen Toten. Wir haben keinen Täter und kein Tatmotiv. Sofern die gestohlenen Sachen – Geld, Uhr, Papiere – nicht der Grund für den Mord waren.« Major Wrobel hebt abwehrend die Hände. »Ja, ich weiß, es sind schon Menschen für wesentlich weniger als für eine Uhr und hundert Mark umgebracht worden. Aber mein Gefühl sagt mir, dass dies hier nicht das eigentliche Tatmotiv gewesen sein muss.«

»Und warum nicht?« Der junge Leutnant hat seine Zweifel, die er vernehmlich anmeldet. »Es kann doch durchaus sein, dass jemand auf die goldene Uhr scharf war und es auch auf Siedlers Brieftasche abgesehen hat.«

»Richtiger Einwurf, Genosse Schreck. Wenn es sich so verhalten hat, setzt das voraus, dass der oder die Täter wussten, dass Siedler Geld in der Tasche hatte und eine Uhr besaß, die nicht ganz billig war. Im Dunkeln hat man die nicht sehen können. All das stützt meine These, dass Siedler aufgelauert und nicht im Affekt oder zufällig erschlagen wurde.«

Beifälliges Gemurmel am Tisch.

»Also, was folgt daraus?«

»Dass wir das personelle Umfeld abgrasen müssen, also alle zu befragen haben, die Kenntnis von der Uhr und vom Geld in Siedlers Brieftasche hatten.« Der Leutnant schaut Anerkennung heischend in die Runde.

»Und was ist, wenn der Raub nur vorgetäuscht war, um den Mord, nun, sagen wir mal: zu vertuschen? Dass Otto Siedler aus ganz anderen Gründen erschlagen wurde? Menschen töten nicht nur aus Habgier und Neid. Sie töten auch aus Hass oder aus Wut und Verärgerung. Oder um Mitwisser zu beseitigen, die sie belasten können. Vergessen wir nicht: Siedler bekam oft Besuch von seiner Nichte aus Westberlin, und er war regelmäßig in Westberlin. Hat er mit Westsachen gehandelt, war er in finanzielle Transaktionen verwickelt, an illegalen Tauschgeschäften beteiligt, schuldete er jemandem Geld? Das sind doch alles Fragen, denen wir ebenfalls nachgehen müssen … Wenn wir das Motiv kennen, finden wir auch den oder die Täter.« Wrobel beschließt die Beratung, nachdem die Aufgaben verteilt sind. Dann macht sich jeder an seine Arbeit.

*

Es ist Sommer und Ferienzeit, die Stadt leidet unter der Augusthitze. Es sind zudem nachrichtenarme Tage. Der brutale Mord in Pankow findet in den Berliner Blättern trotzdem nicht statt, die DDR schmückt sich generell nicht mit Verbrechen, wie sie ohnehin höchst ungern über Gewalt- und Straftaten öffentlich Mitteilung macht. Nur wenn es unumgänglich ist, wird die Bevölkerung in einer kurzen Notiz um Mithilfe ersucht. Und man erfährt bisweilen aus Gerichtsberichten, dass auch in der DDR auf unnatürliche Weise gestorben wird.

Viel lieber überraschen die Medienverantwortlichen die Welt mit Nachrichten wie jener, dass Bayerns Ministerpräsident Franz Josef Strauß, bis dato in der DDR eine Hassfigur sondergleichen, bei Erich Honecker in der Schorfheide war. Sein vermeintlicher Privatbesuch diente der Anbahnung eines Milliardenkredits durch die Bundesrepublik. Allein diese Ankündigung erhöht die Bonität der zweiten deutschen Republik, die DDR hat es fortan leichter, auf den internationalen Finanzmärkten zingsgünstige Darlehen zu bekommen. Entsprechend freundlich sind die Kommentare in den DDR-Medien. Das Thema bestimmt ebenfalls den Inhalt vieler Parteiversammlungen, natürlich auch die im Dezernat II, weil es nicht nur normalen Bürgern, sondern auch den Genossen nur schwer zu vermitteln ist, warum der antikommunistische Saulus aus Bayern nunmehr zum DDR-freundlichen Paulus geworden sein soll. Und noch ein Thema beschäftigt die Presse neben den stockenden Abrüstungsverhandlungen und der NATO-Nach- oder Vorrüstung.

Im Westen diskutiert man die Einführung von bleifreiem Benzin. Der dem Kraftstoff beigefügte Zusatzstoff soll das »Klopfen« des Motors vermeiden, das Blei aber schädigt nachhaltig die Umwelt, in West wie in Ost. Bundespräsident Carstens war im Juli wieder einmal wandern und sah die schweren Waldschädigungen, war darüber entsetzt und machte sofort seinem Parteifreund Kohl Mitteilung. Was bis dahin immer als »grünes Gequake« abgetan worden war, wurde nunmehr ernst genommen. Daraufhin verordnete die Kohl-Regierung der Mineralölindustrie umgehend die Einführung von bleifreiem Benzin und, damit verbunden, der Autobranche künftig den Einsatz von Katalysatoren. Diese gravierenden Veränderungen sollten auch perspektivisch Folgen für die DDR haben.

So schnell kann Politik mitunter reagieren, wenn sie mal Wirklichkeit tatsächlich wahrnimmt, sagt Major Horst Wrobel in der Versammlung und meint das wohl generell, also länderübergreifend.

Unterdessen gehen die Ermittlungen in der Mordsache Siedler voran.

Die Mitarbeiter der Morduntersuchungskommission aus der Keibelstraße und die Pankower Kriminalisten befragen unzählige Personen, selbst der Taxifahrer wird ermittelt und vernommen. Er kann nichts Substanzielles beisteuern und nur bestätigen, was die Kriminalisten ohnehin schon wissen: Er hat Siedler gegen 22 Uhr an der Kreuzung abgesetzt und ist danach in die Innenstadt zurückgekehrt, ohne dass ihm irgendetwas Besonderes aufgefallen sei. Siedler hätte gezahlt, wäre ausgestiegen und die Straße hinuntergegangen. Mehr nicht.

Ähnlich unergiebig sind die Vernehmungen und Überprüfungen der Verwandten und Bekannten von

Otto Siedler. Zwar deuten alle Umstände darauf hin, dass der oder die Täter mit den örtlichen Gegebenheiten und zeitlichen Abläufen an jenem Abend vertraut gewesen sein müssen, doch es gibt keinerlei konkrete Ansatzpunkte. Wrobels Ausgangsthese bleibt dennoch gültig, in diese Richtung laufen alle Recherchen und Befragungen.

Mehrmals wird Elli Siedler vernommen. Die resolute 68-jährige Ehefrau trägt standesgemäß Schwarz, doch die Trauer, so meint Oberleutnant Meier zu beobachten, ist eher oberflächlicher Natur. Die Witwe sitzt unaufgeregt vor seinem Schreibtisch und reagiert auf seine Fragen mit erstaunlicher Ruhe, man kann auch sagen: Gelassenheit. Als gehe es sie nichts an, dass ihr Mann ermordet wurde.

Und das ist umso erstaunlicher, als sie jede variierte Wiederholung der stets gleichen Fragen stoisch beantwortet. Viele andere flippen in solchen Momenten aus, reagieren unwirsch und verärgert: »Das habe ich doch schon ein paar Mal gesagt!« Doch unkontrol-

Siedlers Garten, Blick Richtung Kreuzung, wo der Taxifahrer ihn absetzte, Foto 2013

lierte Gefühlsausbrüche lässt Elli Siedler nicht erkennen.

Zu dem wiederholt Gesagten gehört die Aussage, dass ihre leibliche Tochter und deren Familie nie auf dem Grundstück waren.

Trotzdem wird Irene Krause vorgeladen. Die Ermittler waren bei der Überprüfung des personellen Umfeldes des Opfers auf ihre Vorstrafen gestoßen, die Frau hat eine ziemlich lange Liste diverser Gesetzesverfehlungen, in den Polizeiunterlagen fanden sich einige keineswegs läppische Vorstrafen. Das alles ist zwar Geschichte. Aber mit dieser Akte hätte Irene Krause wenig Chancen, ein öffentliches Amt zu bekommen, wenn dafür ein polizeiliches Führungszeugnis vorzulegen wäre. Doch das macht sie nicht automatisch verdächtig.

Irene Krause bestätigt die Aussage ihrer Mutter, dass sie nie auf dem Grundstück ihres Stiefvaters gewesen sei, was auch andere Zeugen bestätigen. Ihr Alibi ist wasserdicht. Aber was heißt »Alibi«? Sie wird ja nicht verdächtigt, sondern nur befragt.

Irgendwie treten die Ermittler auf der Stelle.

*

Am Freitag, dem 26. August 1982, kommen die Männer der MUK wie üblich zu ihrer Arbeitsberatung zusammen. Alle freuen sich aufs Wochenende, es ist das letzte in den Großen Ferien: Am 1. September beginnt wieder die Schule. Etliche der Kriminalisten, die am Tisch sitzen, haben schulpflichtige Kinder. Deren Schulrhythmus bestimmt auch die Familienfahrpläne. Doch die heutige Beratung verläuft anders als erwartet. Kein ruhiges Auspendeln der

Woche, kein routiniertes Bilanzieren der Fortschritte oder des Stillstands im Mordfall Otto Siedler. Nach vier Wochen hat man noch immer keine greifbaren Resultate. Zwar stapeln sich inzwischen Befragungsprotokolle und Untersuchungsberichte der Gerichtsmedizin, die meisten Positionen des Untersuchungsplanes tragen einen Haken (»erledigt«), aber weder fand man bislang die Tatwaffe noch dringend der Tat verdächtige Personen.

Doch Major Wrobel, den dieser Zustand zunehmend angespannter werden lässt, bewegt heute etwas anderes. Gestern war – nur wenige Kilometer von der Keibelstraße entfernt – 11.20 Uhr eine Bombe hochgegangen. Zwar steht zwischen dem Polizeipräsidium und dem französischen Kulturzentrum Maison de France eine Mauer, der Anschlag erfolgte nicht im Ostteil der Stadt, sondern in Westberlin. Doch es ist das erste Mal, dass es in Berlin einen solchen Anschlag gibt.

Die Agenturen vermelden einen Toten und 23 Verletzte, zumeist Passanten auf dem Kurfürstendamm, Unbeteiligte. Sie wurden von herabstürzenden Betonteilen getroffen, als die Bombe die beiden Obergeschosse der Einrichtung völlig zerstörte. Noch ist nicht klar, wer hinter diesem Terrorakt steckt – erst später wird bekannt, dass es ein international gesuchter Terrorist namens »Carlos« gewesen ist, der auf diese mörderische Weise seine in Frankreich inhaftierte Lebensgefährtin freipressen wollte.

Doch der Terroranschlag erschüttert auch in der DDR-Hauptstadt alle für den Schutz und die Sicherheit der Bürger Verantwortlichen. Denn was gestern jenseits der Mauer geschehen ist, kann möglicherweise irgendwann auch diesseits der Grenze passieren. Wie ließe sich das verhindern?

Nach dem erregten Gedankenaustausch darüber kehrt die Runde wieder zum Mordfall Siedler zurück. Der Leiter der Arbeitsgruppe Schwere Straftaten in der Pankower VP-Inspektion meldet sich zu Wort. Die Inspektion befindet sich unweit des S-Bahnhofes in der Berliner Straße. Während man dort die einschlägig bekannten Täter bearbeitet, suchen die Kriminalisten in den Revieren nach Unbekannten, das heißt nach den bislang noch nie erfassten Tatverdächtigen.

»Genosse Murner, Sie haben etwas?« Wrobel gibt dem Oberleutnant aus Pankow das Wort.

Murner räuspert sich. »Wir haben alle Angehörigen vernommen. Die Witwe Elli Siedler, deren Tochter Irene Krause und ihren geschiedenen Mann. Wir haben die Tochter der Krauses befragt, Freunde und Bekannte der Familie und viele andere. Oft waren wir mehrmals bei ihnen bzw. haben sie zur Klärung des Sachverhalts in der Inspektion oder im Präsidium befragt. Das, was sie uns erzählten, scheint alles zu stimmen. Aber letztlich bescheinigen sie sich wechselseitig und untereinander, nichts gewusst, nichts gesehen, nicht am Ort gewesen zu sein.«

»Ja, und?«, wirft Wrobel ein. »Das ist nun mal so. Wer, wenn nicht jene, die sich kennen und miteinander zu tun haben, können Aussagen über die jeweiligen Personen machen?«

Der Oberleutnant nickt. »Schon, schon. Aber mich stört, dass das alles so glatt ist. Das ist alles so schlüssig und stimmig.«

»Sie meinen, dass die Aussagen abgesprochen sein könnten? Gibt es dafür Anhaltspunkte, die Ihren Zweifel geweckt haben? Außer der Tatsache, dass Ihnen alles zu schlüssig ist.«

Bernd Murner zögert, er ist sich keineswegs hundertprozentig sicher und will sich nicht lächerlich machen, falls er mit seinem Verdacht völlig danebenliegt. Dann aber lässt er ihn doch heraus. Er habe eine Gabriele Ahrendt vernommen, eine Freundin von Irene und Herbert Krause, die alle Angaben der Krauses und von deren Tochter Marina Meyer bestätigt hat. »Die ist nicht ganz knusper«, schließt Murner.

Wrobel guckt wie ein Eichhörnchen, dem die Nuss aus den Pfoten geglitten ist. »Was soll das, Genosse Murner? Geht's nicht ein wenig präziser? Die meisten Verdächtigen sind ›nicht ganz knusper‹.« Der Mittvierziger schüttelt den Kopf.

»Ich glaube, dass sie gelogen hat.«

Alle Blicke richten sich auf den Oberleutnant.

»Welche Anhaltspunkte gibt es dafür?«

»Keine konkreten«, antwortet Murner. »Es ist nur so ein Gefühl. Da war so eine merkwürdige Unsicherheit in der Stimme …«

»Die Leute reagieren unterschiedlich, wenn sie es mit der Polizei zu tun bekommen«, wirft ein älterer Kriminalist im schönsten Sächsisch ein. »Das muss nicht unbedingt etwas damit zu tun haben, dass sie ein schlechtes Gewissen oder etwas zu verbergen haben. ›Gehe nicht zu deinem Ferscht, wenn de nich gerufen werscht‹, haben wir früher immer gesagt, will heißen: Manche bekommen bereits Fracksausen, wenn sie eine Aufforderung bekommen, bei der Obrigkeit vorstellig zu werden. Wir sind ›Obrigkeit‹, der Arm des Gesetzes, und nicht nur ›Die Polizei, dein Freund und Helfer‹. Bei manch unbescholtenem Bürger löst eine Vorladung bereits Herzrasen aus. Dann betreten sie unsere Amtsgebäude, große, gewaltige Kästen mitunter und mit vergitterten Fenstern in den ersten Etagen. Anmeldung mit Ausweis, Warten, bis jemand kommt und sie abholt, dann der Gang über lange Flure, schließlich ein ernstes, verschlossenes Gesicht in Uniform und so weiter. Das kann zarte Gemüter schon belasten, da kriegt dann bei der Vernehmung die Stimme ein zitterndes Vibrato. Das besagt gar nichts, Genosse Murner.«

Der macht eine wegwerfende Handbewegung, ihm sei das durchaus bewusst. Das jedoch sei es nicht, was ihn irritiert habe.

Major Wrobel zögert zunächst, dann sagt er: »Wir laden diese Frau noch ein zweites Mal vor. Wie hieß die gleich?«

»Gabriele Ahrendt. Sie wohnt in Fredersdorf, jenseits des Berliner Rings.«

»Wie alt?«

»Anfang 30.«

»Da ist sie doch erheblich jünger als diese Irene Krause und wesentlich älter als deren Tocher Marina Meyer?«

»Ja, das stimmt. Trotzdem gibt es dort eine Art freundschaftliche Verbindung. Woher die rührt, kann ich auch nicht sagen. Vielleicht eine Kneipen- oder Urlaubsbekanntschaft, weiß der Geier.«

»Hm«, sagt Wrobel, und blickt in die Runde. »Wer vernimmt sie?«

»Dass soll doch der Bernd machen«, ruft der Sachse, »der hat doch schon mal mit ihr geredet. Das nimmt ihr vielleicht die Scheu oder«, er lacht in die Runde, »das zitternde Vibrato in der Stimme.«

*

Es ist bereits September, als Gabriele Ahrendt erneut eine Vorladung in der Post findet. »Zur Klärung eines Sachverhalts …« Sie erscheint pünklich zum Termin in der VP-Inspektion in Pankow. Die Frau wirkt ein wenig ruhiger als bei ihrer ersten Vernehmung, das registriert Oberleutnant Bernd Murner sofort.

Er selbst bemüht sich sichtlich, die Befragung ganz locker anzugehn. Er bedankt sich, dass Frau Ahrendt sich die Zeit genommen habe, noch einmal zu ihm zu kommen. Das ist natürlich ein wenig demagogisch, denn hätte sie sich nicht »die Zeit genommen«, wäre der ABV bei ihr erschienen. Aber Murner macht auf freundlich und verständnisvoll. Fast hätte er ihr einen Kaffee angeboten, doch seit der »Kaffeekrise« Ende der 70er Jahre sind auch die Kriminalisten zu strengster Sparsamkeit verpflichtet.

»Frau Ahrendt, wir haben Sie noch einmal zu einem Gespräch gebeten, weil es ein paar offene Fragen in der Mordsache Siedler gibt. Vielleicht können Sie uns dabei helfen.«

Oberleutnant Bernd Murner schaut freundlich, er hat sein charmantestes Dienstlächeln aufgesetzt, auch wenn er Zivil trägt. Er blättert in den vor ihm liegenden Papieren, als suche er nach einer bestimmten Stelle. Murner ist nur ein mäßig begabter Schauspieler. Wer ihn genau beobachtet und ihn überdies kennt, sieht sofort, dass das gelassene Blättern Teil einer Inszenierung ist. Murner trägt nur eine Frage auf der Zunge, und die will er beantwortet haben. Doch da er schon einmal im Direktangriff gescheitert ist, muss er es diesmal geschickter anstellen. Das ist legitim, es dient der Wahrheitsfindung. Also blättert er in seinen Papieren und tut plötzlich so, als habe er endlich die Stelle gefunden, nach der er angeblich suchte.

»Ach ja, hier ist es. Frau Irene Krause, Ihre Bekannte …«

»Sie ist meine Freundin.«

»Frau Krause, Ihre Freundin«, setzt Murner fort, »hat ausgesagt, dass sie niemals auf Siedlers Grundstück in Pankow war. Sie haben das bestätigt.«

Gabriele Ahrendt nickt.

»Das ist so weit in Ordnung.« Murner blättert weiter. »Gleiche Auskünfte gaben auch andere Zeugen zu Protokoll. Frau Elli Siedler, die Mutter von Frau Krause, deren Enkelin Marina Meyer …«

Murner hält beim Blättern inne und blickt auf. »Aber das verstehe ich nicht.«

Selbstsicher erkundigt sich Gabriele Ahrendt, was er nicht verstünde. Murner macht daraufhin ein nachdenkliches Gesicht, als richte er seinen Blick nach innen. Sein Schweigen erhöht merklich die Spannung, er beherrscht zumindest die Theaterdramaturgie. Erst nach einer unendlich gedehnten Phase des Schweigens sagt er mit leiser Stimme: »Wenn auch Marina Meyer, die Tochter ihrer Freundin, nie im Garten war – wie kann sie da wissen, dass auch ihre Mutter niemals dort war? Sie hat es ja nicht per Augenschein wahrnehmen können, verstehen Sie?«

Gabriele Ahrendt schüttelt den Kopf. »Das ist zwar logisch, was Sie sagen, aber keine Erklärung. Auch wenn Marina die Anwesenheit ihrer Mutter nicht selbst festgestellt haben kann, weil sie selbst nie im Garten war, heißt das ja nicht, dass ihre Aussage nicht korrekt ist. Wenn sie nicht selber dort war, wird sie es eben von ihrer Oma oder von ihrer Mutter gesagt bekommen haben.«

Murner strafft sich. Genau das wollte er hören. Er tut aber so, als habe ihn dieser Satz keineswegs elektrisiert, sondern sagt ganz gelassen: »Das habe ich mich nämlich die ganze Zeit gefragt: Woher will sie das wissen, wo sie doch nie dort war? Sie haben recht: Marina Meyer wird es gehört haben.«

Dann versinkt der Oberleutnant wieder in nachdenkliches Schweigen.

»Sie waren ja auch nie dort. Richtig?«

Gabriele Ahrendt nickt. »Nein, ich war nie auf dem Grundstück in Pankow.«

»Und woher wissen Sie, dass Ihre Freundin dort nie zu Besuch war?« Murner stellt die Frage eher wie beiläufig, so dass die Frau den Widerhaken nicht sofort bemerkt, als sie darauf reagiert.

»Na, sie wird es mir wohl irgendwann mal erzählt haben, dass sie nie im Garten ihres Stiefvaters war.«

»Hat sie Ihnen auch die Gründe dafür genannt?«

Die Frau bläst die Backen auf. »Keine Ahnung. Sie mochte den alten Siedler wohl nicht. War ja nur ihr Stiefvater.«

Der Oberleutnant nickt verständnisvoll. »Verstehe. Klar, wenn man sich nicht sonderlich mag, muss man auch nicht im Garten zusammenhocken.« Er beginnt wieder zu blättern, als suche er bereits nach einem neuen Thema.

»Wann, sagten Sie, hat Ihnen Frau Krause mitgeteilt, dass sie nie im Garten war?«

»Keine Ahnung. Irgendwann mal.« Gabriele Ahrendt zuckt die Achsel.

Jetzt hat sie Murner am Haken. »Irgendwann? Wann war das?«

Die junge Frau schweigt, als sinne sie nach.

Oberleutnant Murner lässt ihr Zeit. Dann setzt er nach. »Wann irgendwann? *Vor* dem Mord oder danach?«

»Davor selbstverständlich.«

Die Antwort kommt wie aus der Pistole geschossen, und das ist deutlich zu schnell.

»Wieso ›selbstverständlich‹?«

Die Frau kaut auf der Unterlippe. »Streichen Sie bitte ›selbstverständlich‹ aus dem Protokoll. Ist mir nur so rausgerutscht.«

»Gut, ist Ihnen nur so rausgerutscht. Akzeptiert. Aber warum soll es aus dem Protokoll gestrichen werden, das Wort ist ohne Relevanz?« Murner stellt sich absichtsvoll dumm.

»Naja, es könnte jemand herauslesen, dass ich mich damit selber belaste.«

»Das verstehe ich nun wieder nicht. Wie meinen Sie das?« Murner dreht wie abwesend seinen Kugelschreiber in der Hand. Natürlich weiß er, was sein Gegenüber damit meint. »Wie könnten Sie sich damit belasten?«

Die Frau kaut sichtlich beunruhigt auf der Unterlippe. »›Selbstverständlich‹ schließt definitiv aus, dass sie es mir *nach* dem Verbrechen gesagt hat. Wenn ich dies so zu Protokoll gebe, kommt vielleicht einer und fragt: Wieso schließt sie das aus? Und er könnte nachfragen.«

»Ach so.« Murner kratzt sich am Hinterkopf. »Und?«

»Was ›und‹?«

»Na, wieso schließen Sie aus, dass Frau Krause Ihnen das erst nach dem Mord gesagt haben könnte?«

Gabriele Ahrendt schweigt.

»Sind Sie sich absolut sicher, dass ›irgendwann‹ wirklich vor dem Mord war und nicht erst danach?«

Der Blick der Frau geht zum Fenster hinaus. Murner glaubt in ihren Augen ein leichtes Flackern zu erkennen. Seine Stimme wird eine Nuance schärfer. »Frau Ahrendt, ich frage Sie jetzt mit großer Ernsthaftigkeit: Wann genau hat Ihnen Frau Krause gesagt, dass sie nie im Garten in Heinersdorf war?«

»Vorher.«

»Warum sollte sie Ihnen das überhaupt sagen? Ist eine solche Mitteilung nicht so belanglos wie, wie …« Murner sucht nach einem passenden Vergleich, findet aber keinen. Allerdings hat er nicht unrecht. Warum hätte Irene Krause mit ihrer Freundin überhaupt »irgendwann« über den Garten reden sollen, wo dieser doch angeblich nie Thema war, nie sein konnte, denn Siedlers Garten in Pankow-Heinersdorf war ja für sie nicht existent. Sie war schließlich nie da. Murner lässt nun nicht mehr locker, er weiß, dass er den Fisch am Haken hat, auch wenn er sich windet und sich loszureißen versucht. »Frau Ahrendt, wann hat Ihnen Ihre Freundin gesagt, dass sie nie im Garten war?«

Murners Gegenüber schüttelt den Kopf. »Ich verstehe nicht, weshalb diese nebensächliche Frage so wichtig sein soll. Ob vorher oder nachher – was spielt das für eine Rolle? Finden Sie den Mörder, statt mir mit solcher Beckmesserei die Zeit zu stehlen.« Sie macht eine Pause und wirft Murner einen trotzigen Blick zu. »Kann ich endlich gehen, sind Sie fertig?«

»Nein.« Das Wort donnert wie ein Fallbeil herunter. Das Schafott vibriert, das ist das Finale.

»Frau Ahrendt, Sie lügen! Irene Krause hat Ihnen nicht ›irgendwann‹ erzählt, dass sie noch nie auf dem Grundstück der Siedlers war, sondern nach dem Mord. Das wissen Sie ganz genau! Sonst hätten Sie es mir gar nicht erzählt, denn Sie haben recht: Es wäre ein belangloses, unerhebliches Detail gewesen, woran Sie sich möglicherweise, wenn es denn überhaupt zwischen Ihnen jemals Erwähnung gefunden hätte, kaum erinnert hätten. Aber das war sofort präsent, als ich Sie danach fragte. Warum? Ich will es Ihnen sagen: Weil Frau Krause Ihnen eingeschärft hat, es zu erzählen.«

Oberleutnant Murner hält inne. Dann holt er seinen letzten Trumpf hervor. »Ich kann Sie wegen Falschaussage vor den Kadi bringen!«

Natürlich kann er das nicht, denn solange ihm der Beweis fehlt, dass Gabriele Ahrendt lügt, um ihre Freundin zu decken, kann er sie auch nicht belangen. Sie selbst ist sowohl ihre eigene Verteidigerin – als auch ihre wichtigste Belastungszeugin. Hat sie aber auch die Nerven, Murners Einschüchterung zu widerstehen?

Sie schweigt. Ihre Hände verraten jedoch die innere Erregung. Der erfahrene Kriminalist ist sich sicher: Gleich hat er sie!

»Frau Ahrendt, geben Sie Ihrem Herzen einen Stoß. Entlasten Sie Ihr Gewissen! Über kurz oder lang kriegen wir heraus, wer der oder die Täter waren, die Otto Siedler in seinem Garten erschlagen haben. Und dann kommen auch alle die vor Gericht, die die Ermittlungen behindert haben, indem sie schwiegen oder falsche Aussagen machten. Wollen Sie das wirklich riskieren?« Murner schlägt die Akte zu und schaut der jungen Frau ins Gesicht. Er sieht ihre Lider zucken. »Reden Sie.«

Nach einer unendlich langen Pause öffnen sich ihre Lippen.

»Sie war am 1. August bei mir.«

Der Oberleutnant atmet tief durch.

»Sie hat mir gesagt, dass ich, wenn man mich fragte, erzählen solle, dass sie noch nie im Garten ihres Stiefvaters gewesen sei. Auch ihr Mann und ihre Tochter nicht.«

»Wer ist ›man‹? Hat sie gesagt, dass die Polizei Sie eventuell danach befragen würde?«

»Nein, das nicht. Sie ließ es offen.«

»Und das haben Sie mir auch bei Ihrer ersten Vernehmung so erzählt.« Er tippt auf die vor ihm liegenden Papiere.

»Hat sie Ihnen auch den Grund genannt, weshalb Sie das erzählen sollten?«

Gabriele Ahrendt schüttelt den Kopf. »Nein. Das es um den Tod ihres Stiefvaters ging, habe ich damals erst von Ihnen erfahren.«

»Keine Andeutung, kein Hinweis, nichts?«

»Das war erst später.«

»Wie bitte?«

»Als wir uns nach meiner Vernehmung in der Stadt getroffen haben, hat sie so eine Andeutung gemacht. Nichts Genaues, nur so ein Nebensatz, dass ihr Ex-Mann eventuell etwas damit zu tun haben könnte. Ich habe dem aber keine Bedeutung geschenkt, denn Irene hat sich meist abfällig über ihren Geschiedenen geäußert. Er wäre ein Schlappschwanz und Trinker und würde nichts auf die Reihe kriegen. So ging es jedes Mal. Und ich habe sie immer gefragt, warum sie dann noch mit ihm zusammenlebe und ihn nicht schon längst aus ihrer kleinen Wohnung rausgeschmissen habe.«

»Was hat sie denn angedeutet?«

»Dass sie glaube, ihr Ex könne seine Finger mit im Spiel gehabt haben.«

»Bei dem Tötungsverbrechen?«

»So direkt hat sie das nicht gesagt. Nur dass sie so einen Verdacht habe. Verstehen Sie?«

Murner nickt, ist sich aber nicht sicher, ob dies bereits als dringender Verdacht von der Staatsanwaltschaft akzeptiert würde.

»Halten wir noch einmal fest: Ihre Freundin, Frau Irene Krause, hat Sie am 1. August – am Tag nach dem Mord – gebeten, Sie sollten aussagen, dass sie noch nie im Garten in Pankow war. Über den Grund, warum Sie das tun sollten, hat sie Ihnen nichts gesagt. Später, nachdem Sie Ihre diesbezügliche Aussage bei mir zu Protokoll gegeben hatten, machte Frau Krause eine Andeutung, dass ihr geschiedener Mann etwas mit dem Mord zu tun hat.«

»Möglicherweise«, wirft Gabriele Ahrendt ein. »Sie hat nicht gesagt, dass er etwas mit dem Mord zu tun hat, sondern dass ihr Ex etwas damit zu tun haben könnte.«

Murner nickt. »Schon klar … also eventuell und möglicherweise. Würden Sie das auch beeiden, ich meine: vor Gericht aussagen?«

Gabriele Ahrendt zögert. »Wieso vor Gericht?«

»Nehmen wir doch mal an, dass das stimmt. Dass also Krause etwas damit zu tun und seine Frau davon Kenntnis hatte – wie sonst hätte Sie Ihnen gegenüber einen Verdacht äußern können? Dann wird es selbstverständlich ein Verfahren geben, und Zeugen müssen aufgerufen werden. Vielleicht auch Sie.«

»Muss das sein? Ich meine … Sie ist schließlich meine Freundin. Ich kann sie doch nicht in die Pfanne hauen, indem ich sie belaste. Oder?«

Bernd Murner beugt sich nach vorn. Seine Stimme klingt plötzlich weich, als habe er Milch mit Honig getrunken. »So schlimm wird es schon nicht kommen. Vielleicht hat der Ex-Mann Ihrer Freundin damit überhaupt nichts zu tun. Kann ja alles auch eine harmlose Wichtigtuerei sein, nicht wahr. Also machen Sie sich nicht verrückt.« Murner zieht aus einem Schreibtischfach mehrere Bögen Schreibpapier und Kohlepapier für die obligatorischen fünf Durchschläge. »Nehmen wir das jetzt alles erst einmal zu Protokoll.«

*

Die Wiedergabe der Vernehmung schlägt am nächsten Tag bei der Morgenrunde wie eine Bombe ein. Major Horst Wrobel schnellt wie von der Tarantel gestochen von seinem Stuhl hoch. »Jetzt machen wir den Sack zu«, ruft er in die Runde. »Sofort zuführen!«

»Wen?«, erkundigt sich der junge Leutnant.

»Alle drei: Irene Krause, den geschiedenen Mann Herbert Krause und die Tochter, Marina Meyer.«

»Ist das nötig? Ich meine, die Tochter hat damit vermutlich nichts zu tun.«

»Das ist doch nicht die Frage. Alle drei sind wichtige Zeugen, alle drei haben gelogen – denn unisono haben sie ausgesagt, nie in Siedlers Garten gewesen zu sein. Damit haben sie sich verdächtig gemacht. Ob und inwieweit sie an der Tat möglicherweise beteiligt waren oder davon wussten und den oder die Täter decken, werden die Vernehmungen zeigen.«

Der Leiter der MUK lässt seinen Blick wandern. »Klar ist auch: gleichzeitige und getrennte Zuführung der drei Personen. Sie dürfen sich nicht abstimmen, keine Möglichkeit bekommen, sich auszustauschen. Danach intensive Befragung.«

»Und wenn nichts dabei herauskommt?« Bernd Murner löckt wider den Stachel, obgleich dies sonst nicht seine Art ist.

»Dafür werden Sie schon sorgen, dass das nicht passiert, Sie Frauenversteher.« Wrobel grinst.

»Heißt das, dass ich …?«

»Ja, das heißt es, Genosse Oberleutnant. Sie werden Irene Krause befragen. Oberleutnant Meier nimmt sich deren geschiedenen Mann vor, und Leutnant Schreck die Tochter Marina Meyer. Die drei Personen werden heute zugeführt«, Wrobel schaut auf die Armbanduhr, »11 Uhr steht ihr bei allen dreien vor der Tür bzw. auf ihrer Arbeitsstelle. Die Betriebe sind bekannt? Danach beginnen Sie sofort mit den Vernehmungen. Ich bitte umgehend um Information, damit ich im Bedarfsfall die Staatsanwaltschaft wegen der Ausfertigung des Haftbefehls anrufen kann.«

Die Stuhlbeine kratzen vernehmlich übers Linoleum, die Männer von der MUK und die Kriminalisten aus Pankow erheben sich und eilen in ihre Büros. Sie spüren, dass die Phase des lähmenden Auf-der-Stelle-Tretens vorbei ist. Die gestrige Aussage von Gabriele Ahrendt ist offenkundig der Durchbruch. Nicht grundlos klopfen die Kollegen Murner auf die Schulter. »Na, Frauenversteher«, frotzeln einige, »wie hast du das wieder gemacht?«

Der Oberleutnant schießt dankbar zurück. »Alles Handwerk, ihr wart doch auf der gleichen Schule.«

*

»Na, Frau Krause, so schnell sieht man sich wieder.« Murner sitzt gelassen hinter seinem Schreibtisch, nachdem er das Mikrofon unmittelbar vor Irene Krause postiert hat. »Wollen wir?«, sagt er. Die Frage ist rhetorisch, er hat bereits den Aufnahmeknopf auf dem Tesla-Tonbandgerät betätigt. Die beiden Spulen drehen sich und ziehen das braune Band durch den Aufnahmeknopf.

Sie habe doch schon alles gesagt, was sie wisse, beginnt die Frau ziemlich ungehalten. Sie war nie im Garten, sie wisse nicht, was dort passiert ist, sie habe keine Ahnung.

»Mit anderen Worten: Ihr Name ist Hase.«

Murner trifft ein fragender Blick. Er merkt, Ironie ist ihre Sache nicht. Doch er muss sich selbst ein wenig zügeln. Zwar ist der Tonbandmitschnitt nur Hilfe fürs Protokoll, kein Beweismittel, aber man weiß nie, wer sich das Band später anhört und ihn dann wegen solcher Gedankenakrobatik rügt. Also, sei sachlich, Genosse, sagt sich Murner und legt sich Zügel an.

»Frau Krause«, beginnt Oberleutnant Murner, »Sie haben bei der polizeilichen Vernehmung ausgesagt, dass sie niemals auf dem Grundstück von Otto Siedler in Pankow-Heinersdorf waren. Folglich auch nicht am Tage oder in der Nacht, in der Ihr Stiefvater ermordet wurde.« Irene Krause nickt.

»Sie müssen mit Ja oder Nein antworten.« Murner weist aufs Mikrofon. »Wir zeichnen nur den Ton auf.«

»Nein.«

»Was: nein?«

»Ich war zu keiner Zeit dort. Auch nicht in der fraglichen Nacht.«

»Diese Aussage wurde von mehreren Zeugen bestätigt.«

»Na sehen Sie.«

»Aber nicht von allen.«

Irene Krauses Augen verengen sich zu zwei Schlitzen. Sie schweigt. Dann sagt sie, wobei sie sich merklich zur Ruhe zwingen muss: »Die lügen.«

»Woher wollen Sie das wissen? Ich habe doch noch gar nicht informiert, *was* diese Personen ausgesagt haben.« Der Kriminalist fühlt sich in seinem Element, wenn er Stolperdrähte ziehen kann und merkt, wie sich sein Gegenüber darin verheddert. Das bereitet ihm geradezu Vergnügen. Weniger aus Schadenfreude, sondern mehr aus Genugtuung. Hier findet eine Art Wettkampf statt, erlaubt sind dabei auch kleine Tricks, um den anderen aus der Reserve zu locken, ihn zu provozieren, damit er die Selbstbeherrschung verliert.

»Was haben die denn gesagt?«, lenkt die 45-Jährige vernehmlich ein.

»Dass Sie doch dort waren. Man hat Sie verschiedentlich im Garten gesehen.«

»Wer behauptet das?«

Murner dreht die Handflächen nach oben.

»Wichtigtuer aus der Nachbarschaft?«

»Das werde ich Ihnen nicht verraten. Aber wieso ›Wichtigtuer aus der Nachbarschaft‹, Frau Krause? Wenn Sie dort noch nie waren, wie Sie sagen, kennt Sie dort auch keiner. Wie sollte man Sie da anschwärzen können? Und: warum? Aus welchem Grunde, wo Sie doch gar nicht existent sind? Angeblich«, schiebt der Oberleutnant hinterdrein.

Irene Krause merkt, dass sie sich ein wenig vergaloppiert hat, und verlegt sich nunmehr aufs Schweigen. Alle nachfolgenden Fragen perlen an ihr ab wie Regentropfen auf einer Pellerine. Oberleutnant Bernd Murner strampelt sich an ihr ab. Schließlich zieht er seinen einzigen Joker, wobei er sich im Klaren darüber ist, dass er sich dabei extrem vorwagt. Wenn dieser nicht sticht, gibt es anschließend Ärger. Es ist wie auf einer Jagd. Der Schütze hat nur einen Schuss. Trifft dieser nicht, ist das Tier weg.

»Warum haben Sie von Ihrer Freundin verlangt, dass sie sagen soll, Sie wären nie im Garten gewesen? Und zwar hatten Sie sie darum *nach* dem Mord an Ihrem Stiefvater gebeten.«

»Hat sie das behauptet?«

Murner geht darauf nicht ein. Er wiederholt seine Frage. »Warum? Weil Sie ein Alibi brauchten für jene Nacht, in der Otto Siedler ermordet wurde? Oder was gab es sonst für einen Grund, Ihre Freundin zu einer Falschaussage zu verleiten?«

Wieder versinkt Irene Krause in Schweigen. Murner mustert sie aufmerksam, er sieht, wie es hinter der Stirn arbeitet. Ich sollte ihr jetzt eine Brücke bauen, sagt er sich.

»Frau Krause, ich glaube nicht, dass Sie Ihren Stiefvater erschlagen haben. Dazu ist eine Frau gar nicht fähig. Sie auch nicht. Der Mann war einsachtzig, Sie sind vielleicht einssechzig. Verstehen Sie: Sie können schon aus objektiven Gründen gar nicht die Tat verübt haben. Aber wenn Sie darüber etwas wissen und es verschweigen, machen Sie sich mitschuldig. Andererseits«, Murner holt tief Luft, »könnte das Gericht es positiv beurteilen, wenn Sie sich offenbaren.«

»Was soll ich offenbaren?« Die Abfuhr ist total.

Bernd Murner lässt sich nichts anmerken. Der Oberleutnant tut so, als habe er nichts gehört. Statt darauf zu reagieren, fährt er unbeirrt fort: »Sie haben gegenüber Dritten angedeutet, dass Ihr geschiedener Mann etwas *mit dieser Sache*, diesem Tötungsverbrechen, zu tun haben könnte. Worauf gründen Sie diese Vermutung? Wollten Sie ihn ärgern? Oder hat Herbert Krause Ihnen etwas erzählt? Gab es irgendwelche Hinweise, etwa Blut auf seiner Wäsche oder Ähnliches?«

»Ich wasche nicht seine Klamotten«, blafft Irene Krause. »Wir sind geschiedene Leute.«

»Aber Sie leben in einer gemeinsamen Wohnung. Er ist noch immer polizeilich unter Ihrer Adresse gemeldet.«

»Was kann ich dafür, wenn dieser Staat nicht genügend Wohnungen zur Verfügung stellt?« Irene Krause geht auf Abwehr, sie wirkt gereizt und aggressiv. Murner wähnt sich auf der Zielgeraden.

»Zur Stunde wird auch er vernommen. Was ist, wenn er die Tat zugibt, den Mord gesteht? Dann wird die Staatsanwaltschaft auch gegen Sie ermitteln wegen Falschaussage, vielleicht sogar wegen Beihilfe. Wollen Sie das riskieren?«

Der Oberleutnant schaltet das Tonband aus und beugt sich nach vorn. Man wäre jetzt unter vier Augen. Was er jetzt ungeschützt sage, erführe niemand, sagt er mit Verschwörerstimme, und er bitte sie, das auch für sich zu behalten, wenn alles ausgestanden und der Täter verurteilt sei. Er wisse aus verlässlicher Quelle, sagt der Kriminalist Murner, dass Herbert Krause so gut wie überführt sei, die Beweise wären erdrückend. Frau Krause solle auch an sich denken und sich fragen, ob es dieser Mann wert sei, dass sie ihn decke und sich damit selber in die Scheiße reite. Ob sie das verstanden habe?

Wider Erwarten nickt sie. Murner hatte mit der Fortsetzung des Widerstandes gerechnet. Er unterdrückt jedoch seine Überraschung und schaltet das Tonbandgerät wieder an.

»Frau Krause, hat Ihr geschiedener Mann Ihnen gegenüber jemals angedeutet, dass er Otto Siedler getötet hat?«

»Hat er.«

Erleichtert atmet Oberleutnant Murner auf. »Er hat sich also Ihnen gegenüber als Täter zu erkennen gegeben? Was hat er gesagt?«

»Fragen Sie ihn doch selbst, wo er doch schon gestanden hat. Ich sage dazu jedenfalls nichts mehr.«

»Auf wessen Veranlassung haben Sie danach Personen aufgefordert zu behaupten, nie im Garten gewesen zu sein? Hat er das von Ihnen verlangt, oder folgten Sie einem eigenen Antrieb, um nicht selber in Verdacht zu geraten?«

»Ich wollte nicht mit in die Sache hineingezogen werden.«

»Also aus Gründen des Selbstschutzes, verstehe. Er hat Sie nicht dazu gezwungen?«

»Nein.«

»Wen haben Sie dazu aufgefordert auszusagen, dass Sie nie im Garten in Pankow waren, und zwar nach der Tat?«

»Meine Freundin Gabriele Ahrendt und meine Tochter Marina Meyer. Mehr sage ich dazu aber wirklich nicht.«

»In Ordnung, das langt auch fürs Erste«, sagt Murner und schaltet das Tonbandgerät aus. »Bis wir das Protokoll ausgefertigt haben, das Sie dann unterschreiben müssen, nehmen wir Sie in Gewahrsam.« Dochdoch, sagt Murner und kommt dem Protest zuvor, das müsse schon sein. Sie sei schließlich in einen Mordfall verwickelt.

Er drückt auf den Klingelkopf unter der Schreibtischplatte. Die Tür öffnet sich, ein Uniformierter tritt ins Zimmer. »Bringen Sie bitte Frau Krause in einen Verwahrraum«, befiehlt er.

Sobald die Frau das Büro verlassen hat, greift Murner zum Hörer. Er wählt die Nummer von Wrobel.

»Sie hat ein Teilgeständnis abgelegt«, sagt er, und in seiner Stimme schwingt ein Anflug von Triumph mit. »Erstens hat sie bestätigt, dass sie Zeugen beeinflusst und bei ihrer Vernehmung gelogen hat. Sie war im Garten. Zweitens aber hat sie ihren geschiedenen Mann belastet. Der habe ihr gegenüber angedeutet, dass er Otto Siedler ermordet hat.«

Der Major am anderen Ende der Leitung pfeift vernehmlich durch die Zähne. Damit lasse sich was anfangen, sagt er, denn Meier hat bei Krause noch nichts herausbekommen. Der leugne hartnäckig, überhaupt etwas damit zu tun zu haben. »Ich werde sowohl Oberleutnant Meier als auch Leutnant Schreck veranlassen, dass sie bei der Vernehmung eine Pause machen. In zehn Minuten erwarte ich Sie im Beratungsraum.«

Sichtlich beschwingt trabt Murner in die sechste Etage. In den Fluren und auf der Treppe schwebt der Geruch von Wachs. Seit 1945 wird das Linoleum gebohnert. Gleich nach dem Krieg war das Polizeipräsidium von Großberlin hier eingezogen, weil das alte Gebäude neben der S-Bahntrasse, nur wenige hundert Meter entfernt, während des Krieges irreparabel zerstört worden war. Man hatte es wie das Rote Rathaus ausgangs des letzten Jahrhunderts aus gebrannten Ziegeln errichtet, darum hieß es »Rote Burg«, 1933 wurde der Komplex der erste Sitz der Gestapo, ehe diese in die Prinz-Albrecht-Straße umzog.

Das jetzige Präsidium in der Keibelstraße war ursprünglich ein Lager- und Verwaltungsgebäude von Karstadt. Die Kaufhauskette führte am Hermannplatz in Kreuzberg damals eines der größten Warenhäuser der Welt: auf 72.000 Quadratmetern, verteilt über neun Etagen, bot man Erzeugnisse an. In den letzten

Kriegstagen hatte die SS das Haus in Kreuzberg in die Luft gejagt.

Murner betritt das Beratungszimmer, er wird bereits erwartet. Er informiert über die Vernehmung und die Aussagen von Irene Krause. Die anderen begreifen sofort, dass sie nunmehr einen Hebel haben, den sie ansetzen können. Vor allem Oberleutnant Meier ist über Murners Nachricht entzückt. Er kann nun Herbert Krause richtig in die Mangel nehmen. Die Beratung endet schon nach wenigen Minuten.

Meier gehört zu den gemütlichen Dicken. Er kam aus der Republik, als die Hauptstadt mehr Kriminalisten brauchte, und wie die meisten hatte er zuvor an der Sektion Kriminalistik der Humboldt-Universität unter Prof. Ehrenfried Stelzer studiert. Er übt wie die meisten Kollegen seinen Beruf mit Leidenschaft aus, was seine Familie schmerzlich zu spüren bekommt. Aber nichts befriedigt ihn mehr, als Gewaltverbrecher zu ermitteln und dafür zu sorgen, dass sie eine gerechte Strafe erhalten. Er glaubt nicht daran, dass er eines Tages mangels Taten arbeitslos werden wird. Natürlich geht im Sozialismus die Kriminalität tendenziell zurück, weil das soziale Umfeld sich änderte und damit auch die Notwendigkeit zu stehlen und zu rauben schwand. Aber viele Straftaten wurzeln nicht in den gesellschaftlichen Verhältnissen, sondern in den Genen. Neid, Hass, Missgunst, sexuelle und andere Triebe werden auch künftig Menschen hierzulande dazu bringen, anderen Gewalt anzutun und Gesetze zu brechen.

In seinem Büro, unter den Augen eines Volkspolizisten, wartet Herbert Krause auf Meiers Rückkehr. Ihm ist gestattet worden zu rauchen. Meier sieht zwei Kippen im Glasaschenbecher. Der muss nervös sein, wenn er in der kurzen Zeit gleich zwei Lungentorpedos durchgezogen hat, denkt er, geht zum Fenster und öffnet es. Die Gitter davor sieht er schon nicht mehr.

Er setzt sich hinter seinen Schreibtisch. »Dann wollen wir mal wieder«, sagt er und schaltet das Tonbandgerät an.

»Herr Krause, Sie bleiben bei Ihrer Darstellung, nie im Garten von Otto Siedler in Pankow gewesen zu sein? Sie kennen diesen Mann lediglich aus den Erzählungen Ihrer geschiedenen Frau, deren Mutter Elli mit Otto Siedler in zweiter Ehe verheiratet war? Sie haben ihn nie gesehen?«

»So ist es.« Krause nickt zur Bekräftigung.

»Zeugen haben jedoch ausgesagt, dass Sie sehr wohl dort waren.«

»Wann?«

»Am Abend des 31. Juli.«

»Quatsch.«

»Sie haben sogar gesagt, dass Sie Otto Siedler erschlagen hätten.«

Das Berliner Polizeipräsidium in der Keibelstraße unweit vom Alexanderplatz, Aufnahme 2006

Krause lacht gequält. »Blödsinn.«

»Mindestens ein Zeuge hat uns das bestätigt.«

»Etwa meine Ex?«

»Wie kommen Sie darauf?«

»Nur so.«

»Nur so? Das können Sie vielleicht dem Weihnachtsmann erzählen, aber nicht mir. Nur so? Weshalb meinen Sie, dass uns Ihre geschiedene Frau so etwas erzählt haben könnte?«

»Weil sie mich aus der Wohnung raushaben will.«

»Das wäre ein Grund, da haben Sie recht. Aber glauben Sie wirklich, wir würden auf ein solches Gerücht etwas geben? Verurteilt kann nur werden, dem auch die Tat bewiesen werden kann.«

»Da bin ich ja fein raus.«

»Sie meinen, wir können Ihnen nichts beweisen?«

»So ist es.«

»Jetzt haben Sie sich verquatscht. Warum sollten wir Ihnen etwas beweisen, wenn Sie nichts getan haben? Verstehen Sie? Für jeden Menschen, auch für Sie, gilt die Unschuldsvermutung.«

»Na schön. Dann kann ich also gehen?«

»Moment«, sagt Meier und dehnt das Wort, als schriebe es sich mit drei o. »Ihre Frau hat ausgesagt, dass Sie Siedler erschlagen haben.«

Natürlich weiß Meier, dass diese es so nicht gesagt hat, sie sprach gegenüber Murner schließlich nur in Andeutungen, wenn er das richtig verstanden hat. Aber weshalb soll er die Formulierung nicht zweckdienlich zuspitzen?

»Die alte Sau …« Krause springt vom Stuhl.

»Nun setzten Sie sich wieder hin.« Meier will ihn beruhigen. »Ich verstehe Sie ja, aber es ist nun mal so. Sie hat Sie belastet. Und uns alles erzählt.«

Krause kriegt sich nicht mehr ein. »Alles? Auch dass sie mir das Beil gab, mit dem ich den Alten platt gemacht habe?« Ein triumphierender Blick trifft Meier. Freunde, das habt ihr nicht gewusst, heißt das.

»Nein«, sagt der dicke Oberleutnant und gibt sich enttäuscht, obgleich er doch jubeln könnte. Er hat den Täter!

»Erzählen Sie mal. Aber der Reihe nach. – Wollen Sie eine rauchen?« Der Kriminalist gibt sich generös, obgleich er Zigarettenqualm nicht ausstehen kann. Doch wenn es der Wahrheitsfindung dient, erträgt er selbst das.

Herbert Krause fingert nervös in seiner Hemdtasche und fördert eine Schachtel F 6 zutage. Mit zitternden Fingern holt er eine Zigarette hervor, steckt sie zwischen die schmalen, blassen Lippen und hält die Spitze gegen die Flamme des Feuerzeugs. Nach zwei, drei kräftigen Zügen bläst er langsam den Rauch aus dem Mund, so, als stieße er alles von sich: alle Bindungen, alle Ängste, alle Vorsicht.

»Die Idee kam von ihrer Mutter.«

Meier glaubt, sich verhört zu haben. Um sicher zu gehen, erkundigt er sich. »Sie meinen, dass Elli Siedler ihren Mann aus dem Weg räumen wollte?«

»Was heißt ›wollte‹? Sie hat.«

»Moment mal, schlug sie zu oder waren Sie es? Wer hat mit dem Beil zugeschlagen?«

»Ich natürlich. Sitzen Sie auf Ihren Ohren? Also, noch mal von vorn. Elli Siedler hat sich bei ihrer Tochter, diesem feinen Früchtchen, ständig über den Alten beklagt. Sie könnte ihn umbringen, hat sie gesagt. Und meine versoffene Ex hat mir das lachend erzählt: ›Hör mal, meine Mutter will ihren Kerl loswerden‹, und ich, auch nicht mehr ganz nüchtern, habe sie gefragt: ›Was will sie denn dafür ausgeben?‹ Darauf hat sie gesagt: ›Zweitausend Mark, 'ne Bosch-Schlagbohrmaschine, und ficken darfst du mich auch.‹ Ich war so besoffen, dass ich mir eine Anzahlung habe geben lassen.«

»Geld?«

»Quatsch. Ich habe meine Ex genagelt. Ich dachte, morgen, wenn sie wieder nüchtern ist, hat sie eh alles vergessen. Irrtum. Am nächsten Tag, es war Sonntag, erinnerte sie mich schon beim Frühstück daran. Und holte anschließend aus dem Keller das Beil, mit dem sie immer das Holz zum Feueranmachen spaltet. ›Hier‹, sagte sie, ›damit machst du ihn heute Abend fertig.‹ Ich sage zu ihr: ›Wieso schon heute?‹ Ich wollte eigentlich nur Zeit gewinnen, weil ich dachte, dass sich diese fixe Idee irgendwann mal erledigt, dass sie verfliegt wie …« Er blies Rauch in die Luft. »Wie das da.«

Meier hat sich in seinen Arbeitsstuhl zurückgelehnt. Er weiß, dass er Krause nur reden lassen muss. Fragen kann er am Ende noch immer stellen. Jetzt soll der erst einmal alles auskippen, was er weiß, sich gleichsam von seiner Last befreien.

»Wir sind am Abend nach Pankow. Ich hatte das Beil im Beutel. Siedler war noch am Grillen, als wir am Garten vorbeigelaufen sind. Rosi von drüben war auch da. So gegen 9 Uhr kam das Taxi. Mit dem sind beide, der Otto und die Rosi, zum Bahnhof Friedrichstraße gefahren. Dann hat uns Irenes Mutter in den Garten gelassen. Wir haben noch etwas getrunken, dann ist Irene wieder nach Hause gefahren. Elli meinte, dass Otto gegen 10 Uhr wiederkommen würde, da wollte Irene nicht mehr dabei sein.

Ich habe dann im Garten gewartet, Elli ist ins Bett gegangen.

Das Taxi hat vorn an der Kreuzung gehalten. Otto ist ausgestiegen, das Taxi hat gewendet und fuhr weg. Ich stand im Gebüsch. Otto hat das Gartentor aufgesperrt, ist eingetreten und hat den Schlüssel von innen sofort wieder ins Schloss gesteckt, um das Tor abzuschließen. Da habe ich ihm mit der stumpfen Seite des Beils auf den Kopf geschlagen. Deshalb mit der stumpfen Seite, damit nicht so viel Blut spritzt.«
Völlig ruhig nimmt Krause einen letzten Zug aus der Zigarette, dann drückt er die Kippe ohne erkennbare Erregung im Ascher aus.

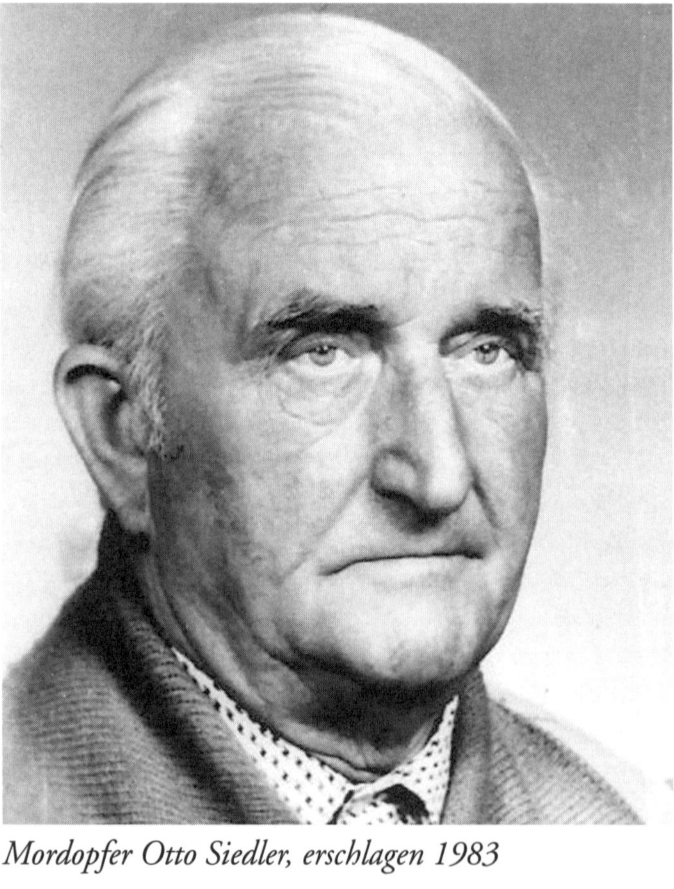

Mordopfer Otto Siedler, erschlagen 1983

»Der Otto ist ohne einen Mucks umgefallen. Wuff. Wie ein nasser Sack. Ich war selber überrascht. Ich hatte gedacht, der schreit vor Schmerz. Nichts dergleichen. Er kippte einfach um und zuckte nicht mehr. Das war wie im Kino. Zack und bumm, unglaublich. Ich habe dann noch drei, vier Mal zugeschlagen, als er schon am Boden lag. Sicherheitshalber. Das Einzige, was zu hören war, war das Knacken der Knochen. War so ein merkwürdiges Geräusch. Ich weiß nicht, ob Sie schon mal so etwas gehört haben?«

Meier trifft Krauses fragender Blick. Der Oberleutnant hebt abwehrend die Hände. Er hat schon manches erlebt, aber so ein kalter, abgebrühter Totschläger saß noch nie vor ihm.

»Damit es wie ein Raubüberfall aussah, habe ich ihm die Brieftasche aus der Jacke und die Uhr abgenommen. Nachdem ich mich davon überzeugt hatte, dass er wirklich mausetot war, habe ich ihn vom Tor weg ins Gebüsch gezogen, damit er nicht gleich von der Straße gesehen wird. Dann bin ich nach Hause gefahren.«

Krause lehnt sich zurück. Er ist mit seinem Bericht zu Ende. Erwartet er jetzt etwa Beifall?

Meier braucht einige Zeit, um sich zu sammeln.

»Was ist mit dem Beil?«

»Hab ich irgendwo in Lichtenberg in einen Wassergraben geworfen.«

»Können Sie den Ort notfalls auch zeigen, wenn Sie jetzt nicht den Ort benennen können?«

»Ja, glaube schon. Die Brieftasche, falls Sie mich das auch noch fragen, habe ich in einem Gulli versenkt, nachdem ich das Geld rausgenommen hatte. Waren nur noch die Papiere drin.«

»Und die Uhr?«

»Habe ich irgendwo zu Hause rumliegen. Ich trage sie nicht, bin doch nicht blöd.«

Oberleutnant Meier überlegt, ob er das Band ausschalten und Krause abführen lassen soll, oder ob es sinnvoll ist, ihn jetzt weiter zu befragen. Er entschließt sich zu Letzterem. Man soll das Eisen schmieden, solange es heiß ist, sagt er sich. Denn wenn Krause erst in der Zelle sitzt und zu grübeln beginnt, überlegt er es sich vielleicht noch einmal. Natürlich ist das Tonband kein Beweismittel. Aber das wird er nicht wissen. Und wenn ihm die Abschrift zur Unterschrift vorgelegt wird, und die Erinnerung ist noch frisch, wird er auch unterschreiben. Diese Unterschrift zählt am Ende, sie ist die Schlinge, die er sich selber um den Hals legt. Das Gericht zieht sie nur noch zu.

»Herr Krause, was, meinen Sie, könnte der Grund gewesen sein, dass Ihre Schwiegermutter ihren Mann loswerden wollte? Üblicherweise lässt man sich scheiden, wenn man sich nicht mehr mag.«

Krause hebt die Schulter, sonderlich hell ist er wahrlich nicht. Mit etwas mehr Grips hätte er sich kaum zu einer solchen Tat anstiften lassen, denkt Meier. »Mir geht es ums Motiv. Man muss jemanden doch schon sehr hassen, wenn man ihm den Tod wünscht.«

»Keine Ahnung. Vielleicht war sie auch nur scharf auf sein Geld und das Grundstück. Soweit ich das mitgekriegt habe, kriegt die alte Siedlern doch alles.«

»Sie meinen, sie ist Universalerbin?«

»Wie das heißt, weiß ich nicht. Sie erbt jedenfalls alles. Und darauf war sie scharf. Ich meine, wenn ich allein zweitausend Emm dafür bekomme, dass ich den Siedler umlege, dann ahnt man doch, wie viel Moos der hatte. Zweitausend Emm.« Krause reißt seine Augen auf, als wäre diese Summe wer weiß wie viel. Zugegeben, für DDR-Verhältnisse sind zweitausend Mark eine Menge, da muss eine alte Frau lange für stricken, wie man so sagt. Aber so übermäßig viel ist es nun auch wieder nicht. Es ist wie stets eine Frage der Perspektive.

»Und: Haben Sie das Geld erhalten?«

»Anstandslos. Sie hat es mir gleich am nächsten Tag in die Wohnung gebracht.«

»Als Scheck?«

»Die ist doch nicht blöd. Natürlich in bar. Sie hat mir die Scheine ordentlich aufs Brett gezählt. Und die Bohrmaschine hat sie dazugepackt. Noch in Originalverpackung. Das war wie Weihnachten und Ostern zusammen.« Krause grinst einfältig. »So schnell habe ich noch nie so viel Geld verdient. Mein ganzes Leben nicht.«

»Sie werden, vermute ich mal, das auch Ihr ganzes Leben nicht vergessen. Sie haben ein Menschenleben auf dem Gewissen.« Oberleutnant Meier weiß, das bei solchen Tätern moralische Appelle abprallen, sie sind zu selbstkritischer Reflexion gemeinhin nicht fähig. Es wurde auch schon für weitaus weniger gemordet. »Abführen!«

*

Am Morgen des 19. September 1983 treffen sich die Mitglieder der Morduntersuchungskommission wie üblich zu ihrer morgendlichen Beratung. Wrobel steht die Genugtuung ins Gesicht geschrieben. Seine Männer haben nach sechs Wochen den Fall aufgeklärt. Nunmehr können die Ermittlungsverfahren auf den Weg gebracht werden, die Staatsanwältin Mattick von der Generalstaatswaltschaft hat bereits die Haftbefehle unterzeichnet.

»Genossen«, beginnt der Major aufgeräumt, »wie ist die Lage?«

»Positiv«, kommt das Echo aus der Männerrunde.

»Wie immer.« Wrobel grient. Dann beginnt er zu repetieren. Draußen klatscht Regen gegen die Scheiben, der Herbst kündigt sich an.

»Wir haben vier Personen ermittelt, die direkt oder indirekt mit dem Mordfall Otto Siedler zu tun hatten: Herbert und Irene Krause, Elli Siedler und deren Enkelin Marina Meyer, Tocher von Irene Krause. Alle vier Beschuldigten haben ausführlich gestanden. Ihre Geständnisse deckten sich mit objektiven Befunden.

Bei der Hausdurchsuchung haben wir beim Tatverdächtigen Krause den Beutel, in welchem die Tatwaffe befördert wurde, gefunden und beschlagnahmt. Ebenso die Bohrmaschine.«

Die Volkspolizei-Inspektion Pankow in der Berliner Straße unweit des S-Bahnhofs

»Und die Tatwaffe?«

»Dazu komme ich später.« Wrobel schaut auf seinen Spickzettel.

»Wir haben eine goldene Armbanduhr in Krauses Wohnung sichergestellt und untersuchen lassen. Es fanden sich daran Blutspuren, die der Blutgruppe A zugeordnet werden konnten. Das Opfer Siedler hatte Blutgruppe A. Herbert Krause hat Blutgruppe B.

Die biologische Untersuchung der Kleidung von Krause und des Beutels, in welchem die Tatwaffe laut seiner Aussage befördert wurde, ist noch nicht abgeschlossen.

Verschwunden ist der Brief, den Irene Krause angeblich von ihrer Mutter Elli Siedler eine Woche vor der Tat bekommen haben soll, in welchem sie den kommenden Sonntag für den Mord vorgeschlagen hätte. Ich denke, dass dieses Papier unerheblich ist, da sowohl Irene Krause als auch Herbert Krause unabhängig voneinander gestanden haben, im Auftrag von Elli Siedler gehandelt zu haben.«

Wrobel macht eine Pause. »Zur Tatwaffe. Wir haben sie noch nicht gefunden. Das halte ich jedoch lediglich für eine Frage der Zeit. Krause hat gestanden, er wird uns auch noch zu der Stelle führen, wo er das Beil entsorgt hat.«

»Sind die Haftbefehle schon raus?«

»Ja.« Wrobel hält vier Blätter in die Höhe. »Gegen Herbert Krause wegen Verdacht des Mordes gemäß § 112 (1) des Strafgesetzbuches; gegen Elli Siedler wegen Verdacht der Anstiftung und Beihilfe zum Mord gemäß § 22 (1) und (2) sowie § 112 StGB; gegen Irene Krause aus gleichem Grunde und gegen Marina Meyer wegen Verdacht der Begünstigung zum Mord gemäß § 233 (1) und (2) sowie § 112 (1)

StGB. Bei Gabriele Ahrendt wird noch geprüft, ob ihre Falschaussage von strafrechtlicher Relevanz ist, also ob man ihr Begünstigung vorwerfen kann.«

Zwei Tage nach dieser Sitzung führt Herbert Krause die Kriminalisten zu einem Bach in Friedrichsfelde. Unweit des S-Bahnhofs Karlshorst schlängelt sich der Rennbahngraben wenige Hundert Meter durch die Karlshorster Heide. Krause findet alsbald den Ort, an welchem er meint, das Beil – die Tatwaffe – ins Wasser geworfen zu haben. Zwei Männer von der Feuerwehr mit Gummistiefeln, die bis zum Schritt reichen, waten durch die sumpfige Uferzone ins nahezu stehende Wasser. Es reicht ihnen kaum bis zum Knie. »Da, nein, da, etwas mehr nach links«, dirigiert der mit der Schließacht gefesselte Krause die Männer an jene Stelle, wo er das Beil vermutet.

Es dauert nicht lange, dann werden die Männer fündig. Einer fördert ein Beil zutage und hebt es triumphierend über seinen Kopf.

»Ist es das?«, fragt Wrobel.

Krause nickt.

Das Beil wird umgehend ins Institut für Gerichtliche Medizin in die Hannoversche Straße gebracht. Die seit 1957 von Prof. Otto Prokop geleitete Einrichtung ist das älteste rechtsmedizinische Institut in Deutschland, es wurde Ende des 17. Jahrhunderts als Stadtphysicat gegründet, bereits seit 1724 hielt man dort auch forensisch-medizinische Vorlesungen, Prokop als Chef der Einrichtung hat darum nicht nur das Direktorat dieser Institution, sondern auch den Lehrstuhl für Gerichtliche Medizin an der Humboldt-Universität inne. Er ist eine Koryphäe wie eben auch sein Institut.

Die Untersuchung der Tatwaffe nehmen Dr. Patzelt und Dr. Gürtler vor. Sie finden nicht nur heraus, dass die Verletzungen des Schädeldachs auf den Millimeter genau mit den Maßen der stumpfen Seite des Beils übereinstimmen. Sie entdecken sogar Blutreste. Und das, obgleich die Tatwaffe sechs Wochen im Wasser lag. Das Blut wird der Blutgruppe A zugeordnet, es ist das von Otto Siedler.

Damit schließt sich die Beweiskette. Der Mörder war nicht nur geständig – er ist auch kriminaltechnisch überführt.

Noch im gleichen Jahr spricht das Gericht das Urteil.

Besuch der alten Dame

Hinter dem Haus liegt ein kleiner Park mit uralten Bäumen, so wie es sie in Pankow im Dutzend gibt. Bürgerpark, Schlosspark, Bleichröderpark, Zingerwiesen … Dort tummeln sich an Wochenenden die Familien. Der Stadtbezirk im Nordosten der Hauptstadt ist grün, grün wie Treptow oder Köpenick. Man lebt hier ruhig und gesund und ist dennoch Berliner. Es schützt einerseits die Anonymität der Großstadt und zugleich sind die Beziehungen der Menschen im Kiez wie die auf dem Dorfe: Jeder kennt jeden und fühlt sich für den Nachbarn verantwortlich.

In der warmen Jahreszeit sitzt Frieda Krakowiak draußen auf ihrem Balkon und schaut ins Grüne. Ihre Wohnung in der ersten Etage hat auch zur Straßenseite eine Loggia, doch die nutzt sie eher selten. Erstens quietscht dort alle naselang die Straßenbahn vorbei, zweitens rauscht der Autoverkehr vorüber. Die Ausfallstraße Richtung Schildow wird insbesondere an Wochenenden von unzähligen Trabants und Wartburgs genutzt. In blauen Abgaswolken ziehen die Berliner hinaus zu ihren Datschen oder Richtung Ostsee. Denn die Dietzgenstraße ist Teil der längsten Fernverkehrsstraße der DDR, der F 96, die sich von Zittau in der Niederlausitz bis nach Sassnitz auf der Insel Rügen hinzieht. Weil sie aber in Berlin durch den Westteil der Stadt führt, hat man das Verbindungsstück durch die DDR-Hauptstadt zwischen Mahlow und Birkenwerder als F 96a ausgewiesen. Das ist eine typischer DDR-Kompromiss: Man hält an alten Bezeichnungen und der Tradition fest und findet zugleich eine angemessene Lösung, ohne dabei das Kind mit dem Bade auszuschütten. Man hätte ja der 520 Kilometer langen Trasse auch einen anderen Namen geben können. Aber nein, man berücksichtigte die gesamtdeutsche Geschichte und behielt die verkehrstechnische Perspektive im Blick.

Frieda Krakowiak ist so alt wie das Jahrhundert. Sie ist unterm Kaiser geboren, hat die Weimarer Republik erlebt, die Nazis kommen und gehen sehen, sie hat ihren Mann im Krieg verloren und schließlich die zerstörte Stadt als Trümmerfrau mit aufbauen helfen. Sie arbeitete viele Jahre in einem Laden, der Papier, Spielzeug und Lottoscheine verkaufte. Als dieser schloss, weil die beiden Inhaberinnen zu alt geworden waren, übernahm sie einen Kiosk in der Nähe und führte diesen als Lotto- und Totoannahmestelle weiter. Sie kennt

Blick in die Dietzgenstraße, wo Frieda Krakowiak sterben sollte; Aufnahme 2013

im Kiez Hinz und Kunz, und Kunz und Hinz kennen sie, die nette, freundliche alte Dame. Die Nachbarschaft ist ihre Familie, denn eine leibliche besitzt sie nicht. Ihre kurze Ehe war kinderlos geblieben.

Die Jahre verinnen, und wenn das Grün treibt, die Bäume ausschlagen und die Amseln singen, sitzt Frieda Krakowiak auf ihrem rückwärtigen Balkon besonders gern und freut sich des Lebens. Ja, sie ist zufrieden und glücklich, und täglich klopft sie auf Holz, dass sie so gesund bleibt, wie sie sich momentan fühlt. Sieht man mal von den altersbedingten Problemen ab, ist sie gut beieinander, was selbst ihre Ärztin zum Staunen veranlasst. Wie sie das nur mache, hat die Frau Doktor sie erst unlängst wieder gefragt und sie darauf nur lachend geantwortet: keine Männer. Aus der Not hat sie eine Tugend gemacht, denn mit einem Leben ohne Mann erspart man sich auch manchen Stress.

Frau Krakowiak verdient nicht viel im Kiosk, die Rente ist zudem niedrig, aber sie lebt sparsam und auf kleinem Fuß, weshalb sich im Laufe der Jahre einiges angesammelt hat. Das wissen oder ahnen zumindest jene, die sie kennen. Darunter ist Luise Jahn, eine Frau Mitte dreißig und Lotto-Kundin. Sie hat noch nie etwas gewonnen, aber die Hoffnung nicht aufgegeben, dass eines Tages Fortuna das Glückshorn über sie ausschütten könnte.

Luise Jahn ist weder schön noch hässlich, in solchen Fällen spricht man gemeinhin von einem »interessanten Gesicht«, aber selbst das wäre eine offenkundige Übertreibung. Durchschnitt eben. Das ovale Gesicht wird von einer ausgefransten Ponyfrisur gerahmt, die Haare sind vergleichsweise ungepflegt wie ihre gesamte Erscheinung. Das liegt jedoch nicht daran, dass sie nichts auf Äußerlichkeiten gäbe, sondern erstens an ihrer wenig rosigen Finanzlage und zweitens, nun ja, an ihrer ganzen Lebenseinstellung: Sie lässt eben alles ein wenig schleifen.

Die mütterliche Frau Krakowiak redet ihr darum regelmäßig ins Gewissen. Mädel, lass dich nicht so gehen, sagt sie, mach doch was aus dir!

Ach, Frieda, das ist mir zu viel, das wächst mir alles über den Kopf.

Ja, was ist denn so schrecklich?, erkundigt sich die Lotto-Verkäuferin, und die unbestimmte Antwort lautet dann stets: Na eben alles.

Frau Krakowiak kennt die ganze Geschichte von Luise. Die junge Frau hat in ihrem vergleichsweise kurzen Dasein mehr erlebt als mancher Rentner. Luises Mutter arbeitet wie sie im staatlichen Lottogewerbe, sie kontrolliert die im Stadtbezirk Pankow abgegebenen Tipp-Scheine. Zuweilen treffen sich die Kolleginnen zum Plausch, und dann spielt auch das gemeinsame Sorgenkind Luise in ihren Reden eine Rolle.

Bereits in jungen Jahren hatte Luise es mit den Kerlen. Mit 17, im Jahr des Mauerbaus 1961, bekam sie ihr erstes Kind. Wer der Vater ist, weiß niemand, vermutlich nicht einmal sie selber. War's einer aus Ost- oder einer aus Westberlin? Sie war mit dem Säugling völlig überfordert, hat auch keine Beziehung zu dem Jungen entwickelt, zu jung, zu unerfahren, das sah jeder, Luise war selber noch ein Kind. Als das Jugendamt ihr vorschlug, das von ihr wenig geliebte Kind besser ins Heim zu geben und sich auf ihre Berufsausbildung zu konzentrieren, stimmte die Achtklässlerin erleichtert zu. Später kam der Junge in eine Pflegefamilie und wurde von dieser adoptiert.

Mit 19 rückte Luise zum ersten Mal ein. Sie hatte geklaut, und da sie auch sonst vergleichsweise asozial lebte – Lehre abgebrochen, unregelmäßige Gelegenheitsarbeiten –, hielten die Richter es für angezeigt, sie zu einer Gefängnisstrafe zu verurteilen. In der Strafvollzugsanstalt fiel sie nicht weiter auf. Die Psychologen, die sich dort mit ihr beschäftigten, bescheinigten ihr eine überdurchschnittliche Intelligenz, was ungewöhnlich erscheinen mag. Sie habe zudem ein bemerkenswertes zeichnerisches Talent, sagte der Betreuer, eigentlich könnte sie Modezeichnerin werden.

Von wegen.

Fünf Jahre später, 1968, saß Luise schon wieder auf der Anklagebank. Sie war wieder beim Klauen erwischt worden und musste erneut für einige Monate ins Gefängnis. Ein Jahr später: Diebstahl gepaart mit Urkundenfälschung, lautete die Anklage. 1970 dito. 1972 hatte sie mal Glück: Das Ermittlungsverfahren fiel unter die Amnestie anlässlich des 23. Jahrestages der DDR und wurde eingestellt; der neue Erste Sekretär der Partei wollte sich bei seinen Untertanen beliebt machen und ließ rund 30.000 Inhaftierte auf freien Fuß setzen bzw. laufende Ermittlungsverfahren wie dieses beenden.

In jenen Jahren lief es für Luise Jahn allenfalls in der Haft rund – draußen, in der Freiheit, bekam sie nichts auf die Reihe. Ihre Mutter war ebenso verzweifelt wie ihre gelegentlichen Arbeitskollegen. In diesem Jahrzehnt ging wirklich alles schief, was schiefgehen konnte. Zweimal heiratete sie, zweimal wurde die Ehe binnen eines Jahres geschieden. Der erste Mann war nicht richtig im Kopf, der zweite schwachsinnig. Zwischendurch erkrankte sie schwer, nach der Magenoperation war sie etwa ein Jahr lang arbeitsunfähig. Als sie wieder gesundgeschrieben wurde, kündigte sie beim VEB Werkzeugmaschinenkombinat »7. Oktober«, wo sie als ungelernte Hilfskraft am Fließband stand. Die Arbeit war ihr Anfang der 70er Jahre, nach der Haftentlassung, zugewiesen worden. Die Brigade hatte, wie das in der DDR so üblich war, die Gestrauchelte unter ihre Fittiche genommen. Doch dieser fürsorglichen Beaufsichtigung durch das Arbeitskollektiv entzog sich Luise mit der Erklärung, sie habe eine leichtere, angenehmere Tätigkeit in jenem Krankenhaus angeboten bekommen, in welchem sie unlängst operiert worden war. Das glaubte man ihr auch und ließ sie ohne jede Nachfrage bei ihrer künftigen Arbeitsstelle ziehen.

In Wahrheit ist Luise Jahn aber ohne Job. Sie lebt in den Tag hinein und von Gelegenheitsprostitution. Einer ihrer Stammkunden, dem sie es für »ein Pfund«, also zwanzig Mark, besorgt, wenn die Miete fällig oder der Kühlschrank leer ist, lebt im Kiez und bezieht eine ordentliche Rente. Paul Franke hat Luise zum ersten Mal befummelt, da war sie zwölf und er bereits verwitwet. Mit einer Tafel Schokolade hatte er sie damals in den Keller gelockt und ihr gesagt, sie bekäme weitere Geschenke, wenn sie lieb zu ihm wäre und dies niemandem sage. Sie musste den Rock heben und den Schlüpfer herunterziehen, dann hatte er sich zitternd mit der Hand selbst befriedigt. Sie fand das lustig und nichts dabei. Später ließ er sich oral befriedigen, bis er sie eines Tages dann erstmals penetrierte. Franke war danach sichtlich sauer, als er merkte, dass er nicht Luises Erster war, denn sie, inzwischen in der achten Klasse und schon 14, zog bereits mit den großen Jungs um die Häuser und hatte nichts dagegen, wenn diese sie bedrängten. Sehr zum Leidwesen ihrer Mutter, die natürlich merkte, was mit ihrer Tochter los war. Doch es fehlte der Mann im Haus, und die Alleinerziehende spürte, wie die heftig pubertierende Tochter ihr zunehmend entglitt.

Die Verbindung zu Franke, dem nunmehrigen Lustgreis, riss auch nicht ab, als Luise Wolfgang kennenlernte. Der ist Straßenbahnfahrer bei der BVB, dem VEB Kombinat Berliner Verkehrsbetriebe. Dort, in der Bahn, waren sie einander auch begegnet und sich allmählich nähergekommen. Wolfgang ist geschieden und zahlt Alimente für drei Kinder aus verschiedenen Verbindungen, da bleibt am Ende nicht viel zum Leben übrig von seinem nicht sonderlich üppigen Gehalt. Etwa knapp die Hälfte seines Lohns fließt in die Unterhaltszahlung.

Egal, ob es nun die große Liebe oder nur eine Notgemeinschaft darstellt: Beide, obgleich noch getrennt in zwei Wohnungen gemeldet, ziehen zusammen und wollen auch heiraten – sofern Luise jeden Monat mindestens 500 Mark zum Bestreiten des gemeinsamen Haushalts auf den Küchentisch legt. Denn das hat Wolfgang schon bald bemerkt: Einer geregelten Tätigkeit scheint seine Freundin nicht nachzugehen. Doch diese erklärt, sie arbeite bei Gericht in der Littenstraße in Mitte, da richte sich die Arbeitszeit nach den Verhandlungsterminen. Warum sie sich diesen Job ausgedacht hat, scheint naheliegend: Sie stand dort oft genug vorm Kadi und glaubt, sich inzwischen in der Justiz ein wenig auszukennen.

So lange die Geldscheine pünktlich auf dem Tisch liegen, ist für Wolfgang alles in Ordnung. Das weiß Luise. Das hat bisher auch immer geklappt, weshalb das Misstrauen, das einmal in Wolfgang aufflammte, ausgeräumt werden konnte. Als er nämlich in der Littenstraße vorm Portal des gewaltigen Gerichtsgebäudes auf seine Lebensgefährtin wartete, um sie unangekündigt nach der Arbeit abzuholen, hatte er sie nicht gesehen. Auf Nachfrage an der Pförtnerloge zuckte man mit der Schulter. Luise Jahn? Gibt es hier nicht. Was Wunder. Als Wolfgang sie daheim zur Rede stellte, schwindelte sie, dass sie dort bei einer »ganz geheimen Dienststelle« beschäftigt sei, wovon niemand etwas wisse, schon gar nicht der Pförtner. Na schön, hatte Wolfgang entnervt geantwortet, dann zeigst du mir eben den Sozialversicherungsausweis, da wird ja irgendein Dienststempel drin sein. Der SV-Ausweis läge bei ihrer Mutter, hatte Luise geantwortet, sie würde ihn demnächst mal holen. Das Thema war dann irgendwie vergessen worden, denn schließlich lagen pünktlich die obligaten 500 Mark wieder auf dem Tisch.

Wo kommen die her? Von Paul Franke, der ihre Liebesdienste großzügig entlohnt, und aus sogenannter Schwarzarbeit. Mit einem Bekannten malert sie, vornehmlich renovieren sie Wohnungen älterer Menschen, die sie dabei beklauen: Geld, Schmuck, Antiquitäten, die sie anschließend im An- und Verkauf verhökern. Ehe die Rentner merken, dass ihnen etwas fehlt, sind die beiden längst über alle Berge. Sie stehlen schließlich erst am letzten Tag ihres »selbstlosen« Malereinsatzes.

Ende November 1976 ist allerdings wieder einmal Ultimo. Am Monatsende ist ihr finanzieller Beitrag für die Haushaltskasse fällig, doch sie hat den halben Tausender diesmal nicht zusammen.

Franke hat ihr unlängst die über zwei Jahrzehnte andauernde »Freundschaft« aufgekündigt. Er ist in die Jahre gekommen, die Lust an der Lust hat sich verloren. Es tut ihm weniger um das Geld leid, das er Luise in den nimmersatten Rachen stopft, sondern es macht ihm einfach keinen Spaß mehr. Sein Mannesstolz hängt nur noch traurig zu Boden und hebt trotz aller Bemühungen durch Luise sein Haupt nicht mehr. Was also soll's, tempi passati, sagte er ihr, und so etwas wie »war eine schöne Zeit mir dir« und dergleichen Phrasen mehr.

Luise verließ nach der unverhofften Kündigung stumm die Wohnung. Erst auf dem Nachhauseweg begriff sie das ganze Ausmaß dieser Entscheidung. Ihre Zukunft schien wie der Novemberhimmel: ziemlich trüb. Wo sollte erstens der Ersatz für Paul, das heißt: für dessen Zuwendung, herkommen? Und zweitens: Wie kriegte sie bis zum Monatsletzten die 500 Mark zusammen? Es gab keine Straße, an die sie sich stellen und anbieten konnte. Ja, sie hatte gehört, dass einige Professionelle in der Oranienburger arbeiteten. Die Seitenstraße der Friedrichstraße hatte das Erbe der einstigen Vergnügungsmeile aus der Weimarer Zeit angetreten. Natürlich nicht mit Kneipen, Nutten und Bordellen wie damals, aber im Verborgenen und in einigen Hinterzimmern wurden auch die sozialistischen Freier fündig. Luise kannte dort allerdings niemanden, den sie hätte fragen können, und möglicherweise war sie für dieses Gewerbe inzwischen auch zu alt und nicht ansehnlich genug.

Warum musste der alte Sack plötzlich aussteigen? Sie war wütend, mehr auf sich als auf Franke, denn warum hatte sie gleich kapituliert und sich wortlos davongestohlen. So nicht!

Am Morgen des 26. November wickelt Luise Jahn eine leere Weinflasche in Zeitungspapier und mar-

Im Hausflur des Tatorts, Aufnahme 2013

schiert mit dieser Waffe zu Franke. Sie klingelt, es öffnet niemand. Sie drückt wütend wieder und wieder den Knopf. Doch hinter der Tür ist in der Stille nach dem Läuten nichts zu hören. Keine schlurfenden Schritte, keine Frage: Wer ist da? Nichts. Paul Franke ist offenkundig nicht zu Hause. Dass er sich versteckt, kann nicht sein, denn er weiß ja nicht, dass sie, auf dem Treppenabsatz steht, um Rechenschaft einzufordern, und nicht etwa der Postbote.

Luise hat sich die Standpauke auf dem Herweg wiederholt vorgesagt: »Paul, so geht das nicht! Du hattest jahrelang deinen Spaß mit mir, ich habe alles gemacht, was du von mir verlangt hast, die ganzen perversen Spielchen habe ich klaglos erduldet, und selbst dann noch lustvoll gestöhnt, als es nur noch wehtat … Du kannst jetzt nicht einfach sagen: Adieu und tschüss, ich will nicht mehr!«

Wenn er darauf nicht reagieren sollte, will sie die nächste Raketenstufe zünden.

»Hör zu, du Kinderschänder! Wenn du nicht weiter jeden Monat die Kohle abdrückst, die du mir fürs Bumsen gabst, dann gehe ich zur Polizei und zeige dich an als Kinderficker. Ich ging noch in die fünfte Klasse, als du mich zum ersten Mal sexuell missbraucht hast. Ich werde denen haargenau erzählen, was du da unten im Keller mit mir getrieben hast. Ich war minderjährig, du Sau, als du mir an die Wäsche gingst.«

Und falls er auf diese Erpressung nicht reagieren sollte, darum trägt sie auch die Flasche bei sich, wird sie ihm damit eine über den Schädel ziehen. Er wird benommen zu Boden stürzen und sich nicht wehren können. Dann wird sie aus dem Vertiko in der Wohnstube die Kassette mit dem Schmuck seiner Verblichenen und dem Bargeld nehmen und türmen. Sie weiß genau, wo das Ding steht, denn jedes Mal, wenn er mit ihr fertig war und sie sich anzog, war er zu der Anrichte gegangen, hatte die rechte Tür geöffnet, die Blechkiste hervorgeholt, aufgesperrt und dieser einen Geldschein entnommen, den er ihr dann zusteckte. Allein schon wegen des gönnerhaften Blick, den er dabei aufsetzte, möchte sie ihm mit der Flasche eine überziehen. Diese herablassende Geste, mit der er sie bezahlte … Den hochmütigen Blick wird sie zeitlebens nicht vergessen.

Er ist der Dreck, nicht sie!

Doch Paul Franke öffnet nicht. Nach fünf Minuten gibt sie auf und läuft die Treppe hinunter. Wo kriegt sie nur das Geld her, hämmert es in ihrem Kopf. Sie will Wolfgang nicht verlieren. Luise spürt, dass er sich von ihr trennen wird, wenn sie nicht pünktlich das Geld auf den Tisch legt. Dabei geht es ihm nicht vordergründig um die Scheine, sondern um ihre Verlässlichkeit. Das ist ihr bewusst. Wenn sie nicht das Geld zum Termin aufs Brett zählt, ist alles aus, hat sie alles verloren. Und deshalb braucht sie das verfluchte Geld!

Als sie Frankes Haus verlässt, kommt ihr eine Idee. Sie wird sich die Kohle bei Frieda Krakowiak borgen. Die hat bestimmt genug, und sie ist immer so nett zu ihr, dass sie gewiss ein paar Hunderter lockermacht, wenn sie sie freundlich darum bittet.

Zielstrebig steuert Luise die Lotto-Toto-Annahmestelle an. Die Glocke an der Tür schellt, als sie den Laden betritt. Es sind mehrere Kunden anwesend, die ihre Kreuze auf den Tipp-Scheinen machen. 5 aus 90, 5 aus 45 und 6 aus 49 sowie bei Tele-Lotto 5 aus 35. Es ist Freitag, Annahmeschluss. Am Wochenende erfolgt die Ziehung. Das erklärt das Gedränge.

Frieda Krakowiak steht hinterm Tresen und nickt freundlich herüber, als sie Luise gewahr wird. Diese stellt sich etwas abseits. Sie will ihre Bitte nicht vortragen, wenn hinter ihr Leute in der Schlange stehen und ihre Lottoscheine abgeben. Frieda Krakowiak legt diese Scheine entfaltet übereinander, so dass nur der untere Teil zu erkennen ist. Dann klebt sie den Kontrollstreifen, dessen Rückseite sie über einen feuchten Schwamm zieht, in das dafür vorgesehene Feld. Danach nimmt sie die Scheine auf, stößt sie auf gleiche Höhe und trennt die drei Teile voneinander. Zwei sortiert sie in die Fächer, den dritten Schnipsel reicht sie dem Kunden zurück und kassiert den Einsatz. Das ist alles sehr routiniert, sie könnte es im Schlaf erledigen.

Luise Jahn schaut ihr dabei zu. Sie wirkt ruhig, obgleich sie innerlich kocht. Mit jedem Kunden, der das Büdchen betritt, nimmt ihre Anspannung zu. Es scheint sich kein günstiger Moment zu ergeben, wo sie allein mit Frieda Krakowiak ist, um ihr unter vier Augen das Bewerbchen vorzutragen.

Irgendwann verlässt sie entnervt die Lottoannahmestelle und läuft nach Hause.

Am nächsten Tag unternimmt sie am Vormittag den nächsten Anlauf. Wieder geht sie zu Franke, wieder hat sie die leere Weinflasche in ihrem Einkaufsbeutel, wieder klingelt sie vergebens. Keiner öffnet auf ihr Klopfen. Paul Franke bleibt verschollen, ist verreist oder im Krankenhaus, egal, was der Grund für seine Abwesenheit ist. Er ist jedenfalls nicht da. Wütend wie schon am Vortag trampelt sie die Treppe hinunter und verlässt das Haus. Bleibt also nur Frieda Krakowiak.

Mit schnellen Schritten steuert sie die Lotto- und Toto-Annahmestelle an, doch die ist verschlossen. Ach, Scheiße, denkt sie erschrocken, heute ist ja Samstag, da hat sie natürlich zu. Also muss sie Frieda zu Hause besuchen.

Um einen guten Eindruck zu machen und die Entscheidung, ihr das erbetene Geld zu leihen, ein wenig zu befördern, besorgt sie in der Kaufhalle am Wege einen kleine Schachtel Konfekt. Und als sie im Blumenladen an der Ecke sieht, dass eine Lieferung Herbstastern hereingekommen ist, nimmt sie auch noch einen Strauß mit. Nun ist sie endgültig blank.

Sie klingelt mit klopfendem Herzen.

»Ach, Luise«, begrüßt sie Frieda Krakowiak erfreut, »das ist aber nett, dass du mich mal besuchst. Du warst gestern gleich weg, wir haben kein Wort miteinander wechseln können. Es war der übliche Andrang zum Wochenende«, meint sie sich entschuldigen zu müssen. »Komm rein.«

Luise lächelt und drückt ihr gleich den Blumenstrauß in die Hand.

»Oh, danke. Ich mache uns Kaffee. Dann frühstücken wir zusammen. Ich habe noch nichts gegessen. Hast du schon gefrühstückt?«

Ohne eine Antwort abzuwarten, wieselt sie mit den Blumen aufgeregt vom Flur in die Küche.

Die Loggia links in der ersten Etage gehört zur Wohnung des Opfers, Aufnahme 2013

Luise Jahn schüttelt den Kopf.

»Häng schon mal deine Jacke an die Garderobe«, kommt es aus der Küche.

Nachdem sie sich ausgezogen hat, folgt ihr Luise mit dem Beutel. Die Rentnerin macht sich bereits an der Kaffeemaschine zu schaffen. »Trag schon mal das Geschirr ins Wohnzimmer, wir essen zur Feier des Tages in der guten Stube. Oder nein, wir bleiben gleich hier, da ist es gemütlicher.«

Schon mal, schon mal ... Mach dieses, tu jenes ... Luise geht der Befehlston auf den Zeiger. Dabei sind es gar keine Anweisungen, sondern allenfalls freundliche Bitten. Ein weniger asozialer Mensch als sie, der sich an normale Umgangsformen hält, die ihm nicht lästig, sondern als notwendig erscheinen, würde dies überhaupt nicht bemerken. Aber Luise Jahns Inneres lehnt sich auf. Sie will nett sein, und schon wird sie herumkommandiert. Alle meinen ihr sagen zu müssen, was sie zu tun hat.

Sie hängt den Beutel über die Stuhllehne und holt Tassen und Teller aus dem Hängeschrank. Die Pralinenschachtel wirft sie achtlos auf den Tisch. Sie ärgert sich inzwischen, überhaupt Geld für die Alte ausgegeben zu haben. Zusammen mit den Blumen wären das zwei Schachteln F 6 gewesen, dreizwanzig die Schachtel. Damit wäre sie ganz gut übers Wochenende gekommen.

Frieda Krakowiak stellt die Blumenvase mitten auf den Tisch, dabei sieht sie die Weinbrandbohnen.

»Ach, und die sind auch für mich?«, sagt sie überrascht und dankbar zugleich, wobei die Frage natürlich rhetorischer Natur ist. Für wen denn sonst.

Luise sieht zu, wie die Frau Butter, Wurst und Marmelade aus dem Kühlschrank holt und auf dem

Tisch verteilt. Dazu legt sie aufgeschnittenes Graubrot und Kekse auf einen Teller.

»Ach, die Kaffeesahne habe ich vergessen«, sagt sie und schlägt sich an den Kopf. »Sie steht im Kühlschrank. Ich denke, der Kaffee ist durch.«

Endlich ist alles beieinander, die beiden Frauen nehmen am Tisch Platz. Der Kaffee duftet. Luise greift nach dem Brot, wann hat sie zum letzten Mal gegessen? Sie kann sich nicht erinnern. Wenn der Magen knurrt, und es ist nichts im Kühlschrank, weil sie mal wieder vergaß, etwas einzukaufen, raucht sie oder geht in die Kneipe, um sich einladen zu lassen. Es findet sich immer einer, der ihr ein Schnitzel bezahlt. Das geht natürlich nur, wenn Wolfgang Spät- oder Nachtschicht hat. Außerdem achtet er darauf, dass das Lebensnotwendige stets im Kühlschrank ist: Butter, Eier, Milch und Wurst. Aber nicht immer denkt sie an Brot oder Schrippen, und hin und wieder bleibt Wolfgang auch über Nacht in seiner Wohnung, weil diese näher zum Straßenbahndepot in der Siegfriedstraße liegt, wo seine Schicht endet. Das findet sie gut, denn so sehr sie sich nach Geborgenheit sehnt, so sehr stört sie auch die Bevormundung. Sie freut sich, wenn Wolfgang da ist, aber sie ist auch froh, wenn sie allein ist und niemand ihr reinquatscht. Sie liebt es, frei über sich zu verfügen und allein zu entscheiden, was sie macht oder sein lässt.

»Na, was führt dich zu mir?«, fragt Frieda und reißt sie aus den Gedanken.

Luise zuckt mit der Achsel. »Ich wollte einfach nach dir sehn. Bisschen quatschen und so.« Sie greift zur Tasse und nimmt einen Schluck.

Die Rentnerin schaut über den Rand ihrer Hornbrille. »Na komm, das glaub ich dir nicht.«

»Doch, wirklich.«

»Das hast du doch noch nie gemacht.« Sie macht eine Pause und beißt in die Wurststulle. »Alles in Ordnung zu Hause? Gibt es Probleme mit Wolfgang? Oder hast du mal wieder Mist gebaut? Ich meine …« Frieda Krakowiak kennt das Vorstrafenregister, und auch wenn Luise seit etlichen Jahren nicht wieder in den Kahn musste, bedeutet das nicht zwangsläufig, dass sie vernünftig geworden ist und sich die Klauerei erledigt hat. Vielleicht wurde sie nur nicht erwischt. Aber Frieda glaubt an das Gute im Menschen und nimmt nicht das Schlimmste als den Normalfall.

An Luises Schläfen schwellen schon die Adern, sie spürt, wie sie am Hals rote Flecken bekommt. Das passiert ihr immer, wenn die Galle überläuft. Doch sie beherrscht sich noch.

»Nein, alles in Butter.«

»Und, was macht die Arbeit?« In ihrer Unbedarftheit setzt Frieda Krakowiak ihren Fuß in den nächsten Fettnapf.

Luise tut, als habe sie die Frage überhört. »Reichst du mir mal bitte die Butter?«

Nachdem sie die zweite Stulle belegt hat, lässt sie wie beiläufig den Satz fallen: »Kannst du mir mal fünfhundert Mark borgen?«

Die Rentnerin, die gerade am Kaffee nippt, verschluckt sich.

»Kind, was ist los?«

Ich bin nicht dein Kind, will Luise schreien, doch sie hat sich im Zaum und reagiert gelassen. »Ich habe dich gefragt, ob du mir Geld leihen kannst.«

»Und ich habe dich gefragt, wofür?«

»Nein, hast du nicht. Du hast gefragt, was los sei.«

Frieda nickt. »Also, wofür?«

»Ich bin ein wenig klamm.«

»Das kann ich mir denken, sonst wärst du ja nicht zu mir gekommen«, reagiert die alte Frau ein wenig beleidigt. »Aber das beantwortet nicht meine Frage. Warum bist du klamm? Kriegst du keinen Lohn? Hast du Schulden gemacht? Wenn ja, womit?«

Luise Jahn spürt, dass die roten Flecken an ihrem Hals immer größer werden. Ihr schwillt sichtbar der Kamm. Sie hätte mit diesen Fragen rechnen müssen, aber sie ist darauf nicht vorbereitet.

»Man hat Wolfgang einen gebrauchten Trabant angeboten«, erfindet sie aus dem Stegreif. »Da habe ich ihm mein ganzes Geld gegeben. Und nun habe ich selber Probleme.«

Frieda Krakowiak nickt verständnisvoll. Sie weiß, dass Autos wie Goldstaub gehandelt werden, es gibt zu wenige im Land, das Angebot deckt nicht die Nachfrage, bei Neuanmeldungen wartet man inzwischen länger als ein Jahrzehnt auf die Auslieferung. Sie kennt die Flüche aus dem Laden, denn warum spielen die Leute Lotto? Um sich mit dem erhofften Gewinn Wünsche zu erfüllen. Wenn man genug Geld hat, bekommt man auf dem grauen Markt sofort ein Auto. Alte, neue, aufgebaute oder werkstattgepflegte. Für ein Banknotenbündel kann man sogar aufgemöbelte Westwagen bekommen, die irgendwelche Künstler oder Wissenschaftler ins Land gebracht und dann abgestoßen haben, weil sie von der letzten Dienstfahrt oder Tournee mit einen neuen Wagen zurückkehrten. Selbstverständlich korrekt verzollt, damit alles seine gute Ordnung hat.

»Und das mit Wolfgang ist noch alles im Lot?«

Luise nickt. Warum soll sie das bestreiten?

»Hat der nicht genug auf der Kante?«

»Nein, hat er nicht.« Was soll das, ist sie im Verhör bei der Polizei?

»Ich meine, für fünfhundert Mark muss eine alte Frau wie ich ganz schön lange stricken. Wenn du verstehst, was ich meine.«

»Ja, weiß ich«, braust Luise langsam auf. »Darum habe ich auch so lange gezögert, dich anzusprechen. Aber Wolfgang hat mir dazu geraten.«

»Ach, der Wolfgang …?« Es ist nicht zu erkennen, ob die alte Frau dies als Autoritätsbeweis gelten lässt.

Luise legt nach. »Wolfgang meint, du wärst die Einzige, die uns helfen könnte.«

»Moment mal«, wirft Frieda Krakowiak ein. »Eben hast du mir gesagt, dass du ihm dein ganzes Geld für das Auto gegeben hast. Daraus schließe ich, dass ihr die Kaufsumme zusammen habt. Wie ich dich verstanden habe, fehlt dir augenblicklich das Geld zum Leben.«

So sei es, sagt Luise.

»Fünfhundert Mark für die Haushaltskasse? Kaufst du nur im Delikat-Laden?« Die Rentnerin schüttelt verständnislos den Kopf, dann beißt sie ins Brot. Während sie kaut, ringt ihr Gegenüber um Fassung und sucht nach Argumenten. Was soll sie der Alten noch sagen? Ihr fällt kaum etwas Überzeugendes ein.

»Natürlich kaufe ich nicht das teure Zeug im Delikat«, stammelt sie. »Aber es sind etliche Anschaffungen nötig, schließlich steht der Winter vor der Tür.« Sie verlegt sich auf die Mitleidsmasche. »Ich brauche einen Wintermantel, ein paar gefütterte Stiefel, Pullover …«

»Und dafür reicht dein Gehalt nicht?«

Die Alte ist unmöglich, denkt Luise. Ihre Gereiztheit nimmt mit jedem neuen Einwand zu.

»Ich lebe nicht über meine Verhältnisse, falls du das meinst. Ich verdiene nun mal nicht so viel, alles wird teurer. Am Monatsende bleibt da kaum etwas zum Zurücklegen übrig.«

»Eben. Wie willst du mir dann das Geld zurückzahlen, wenn ich dir was borge?«

»Naja, irgendwie würde ich es schon abstottern.«

»Im Monat zehn Mark?« Langsam wirkt auch Frieda Krakowiak gereizt. »Das sind fünfzig Monate – vorausgesetzt, du zahlst mit der Präzision eines Uhrwerks, woran ich aber nicht glaube. Fünfzig Monate«, sie lauscht ihrer Feststellung nach, als müsse sie sich der Botschaft vergewissern. »Das sind über vier Jahre. Weißt du, was allein in einem Jahr passieren kann? Vielleicht bin ich dann schon nicht mehr.«

Luisa Jahn möchte darauf antworten: Ja, und? Im Jenseits brauchst du kein Geld mehr, dort ist alles gratis, du alte Kuh. Doch sie bremst sich und flötet stattdessen zuckersüß: »Ich denke, dass wir« – und das WIR betont sie auffällig – »unsere Schulden bei dir schon wesentlich früher beglichen haben werden als bis zu Weihnachten 1977.«

Wie zur Bekräftigung nickt sie dazu. Der Fransenpony wippt.

»Ich kann's nicht«, sagt Frieda Krakowiak, wobei sie gewiss meint: Ich will es nicht. Der Laden werfe nicht viel ab, barmt sie, die Arbeit dort falle ihr immer schwerer.

»Weißt du was«, schlägt ihr unvermittelt Luise vor, »ich kann dir ja zur Hand gehen.«

»Wie soll das aussehen? Du hast doch deine Arbeit. Oder hast du mal wieder aufgehört?«

Neinnein, lügt Luise, das sei alles in Ordnung, aber sie könne doch nach ihrer Schicht im Gericht den Laden führen. Dann müsse Frieda nur noch tagsüber ein paar Stunden die Annahmestelle besetzen, und sie würde sie ablösen. »Sagen wir von 16 bis 20 Uhr?«

Ihr plötzlicher Vorschlag stellt das ganze Gespräch auf den Kopf. Frieda Krakowiak ist wie elektrisiert. Sollte sie hier ihre Nachfolgerin gefunden haben, die sie für kleines Geld entlastete?

»Wenn das so ist, könnte ich dir ja einen Vorschuss geben. Sagen wir zweihunderfünfzig Mark? Das sind zwar nicht die fünfhundert, die du dir borgen wolltest, aber es ist die Hälfte – und du musst sie nicht zurückgeben.« Die Rentnerin ist plötzlich ganz Geschäftsfrau und ergreift mit beiden Händen die Chance. »Das wäre für den Monat Dezember. Am Mittwoch, das ist der 1., fängst du an.«

»Und im Januar gibt es die nächsten zweihundertfünfzig?«

Frieda Krakowiak nickt. Selbstverständlich. Das werde sie jeden Monat zahlen. Vorausgesetzt natürlich, dass Luise jeden Tag zur Arbeit erscheine.

Jeden Tag hinterm Tresen in dieser Bude? Allein der Gedanke macht sie Grausen. Doch Luise nickt und folgt der alten Frau nach nebenan in die Stube. Links neben der Tür steht eine mit einem Tuch abgedeckte Nähmaschine, dahinter der Kachelofen, den sie offenbar nicht beheizt, denn an die Ofenklappe kommt man wegen der Nähmaschine nicht heran. Es ist auch ziemlich frisch im Raum. Links steht ein Bücherschrank, durch die Glasscheiben sieht man die Buchrücken, da ist keine Lücke. »Hast du die alle gelesen?«, fragt Luise erstaunt. Selbstverständlich, lautet die Antwort. Einen Fernseher habe sie nicht, sie lese lieber und höre dabei Radio, sagt die alte Dame und weist auf den Transistor, der auf dem Tischchen neben dem Stuhlsessel steht. In der Mitte des Raumes steht ein runder Tisch auf einem Teppich, dazu ein paar Stühle und ein weiterer Schrank neben der Tür, von der man vermutlich ins Schlafzimmer gelangt. Das alles ist alt und aus der Vorkriegszeit, so richtig passt es nicht zusammen. Doch von hier geht der Blick hinaus ins Freie, denn vor der Glastür an der Stirnseite ist der Balkon zu sehen. Das ist auch der Grund, weshalb der Teppich zur Hälfte umgeschlagen ist. Wie zur Entschuldigung erklärt Frieda, dass sie dies gemacht habe, um das Textil zu schonen, wenn sie zum Balkon laufe.

Frieda Krakowiak öffnet den Wäscheschrank und zieht eine Schatulle hervor. Die stellt sie auf den Tisch und öffnet sie. Luise sieht die Bündel von Geldscheinen und kriegt große Augen.

»Hast du dein ganzes Geld hier?«

Die Rentnerin nickt. Sie habe die Inflation damals, in den 20er Jahren, erlebt, den Umsturz nach dem Kriege, sie traue der Sparkasse nicht. Real ist, was man zu Hause im Sparstrumpf hat, sagt sie und zählt zweihundertfünfzig Mark auf den Tisch. Den Rest legt sie wieder in die unverschlossene Schatulle und trägt sie zurück an ihren Platz unter der Bettwäsche.

»Hier«, sagt sie und drückt Luise die Banknoten in die Hand. »Das ist dein Dezember-Lohn.«

Dann gehen beide zurück in die Küche.

Sie trinken noch ein Tasse Kaffee miteinander, reden über die Arbeit und dergleichen, schließlich erhebt sich Frieda und sagt, sie müsse mal kurz aufs Klo, und schlurft über den Flur. Als sich der Schlüssel in der Tür vernehmlich dreht, springt Luise auf und läuft in die Stube. Sie öffnet die Wäscheschranktür und greift sich die Schatulle. Sodann nimmt sie auch noch das kleine Radio und stopft beides in ihren Beutel, der am Küchenstuhl hängt. Gelassen zündet sie sich eine Zigarette an und bläst genüsslich den blauen Dunst in die Küche, als Frieda Krakowiak zurückkehrt.

Allerdings ist sie nicht so blöd wie von Luise vermutet, denn ihr entgeht nicht, dass der Beutel inzwischen voller scheint als vordem. Sie nimmt es zunächst heiter und erkundigt sich, ob Luise sich ein paar Stullen für unterwegs geschmiert habe.

Die versteht die Frage nicht. Wie sie das meine, fragt sie zurück.

»Na, dein Beutel war vorhin noch leer. Jetzt scheint er voll.«

»Da musst du dich täuschen«, sagt Luise.

»Ich bin doch nicht blind«, sagt darauf Frieda, und langt nach dem Stoffbeutel. Mit einem Griff entleert sie den Inhalt auf den Küchentisch. Schatuelle, Radio und die leere Flasche poltern aufs Holz.

Beide Frauen sind erschrocken und sprachlos zugleich, jedoch aus unterschiedlichen Gründen. Maßlose Enttäuschung macht sich auf dem Gesicht der Bestohlenen breit, während sich die Diebin darüber erregt, dass sie beim Klauen ertappt worden ist. Wieder einmal.

In ihrer Wut greift sie nach der Flasche und macht das, was sie bei Franke damit tun wollte: Sie zertrümmert sie auf dem Kopf von Frieda Krakowiak. Die schreit vor Schmerz und auch vor Wut, sie ruft »Hilfe! Hilfe!«, wieder und wieder.

Luise drängt sie in die Stube, damit die Hilferufe nicht nach draußen auf den Flur dringen. Sie greift nach der Porzellanvase, die auf dem runden Tisch in der Mitte des Raumes steht, und zertrümmert auch diese auf dem Kopf der Frau, doch diese verstummt nicht. Sie ruft um Hilfe und versucht sich zu wehren.

Inzwischen klopft es an der Flurtür, die Nachbarn haben die Schreie offenkundig vernommen und fragen besorgt, was los sei.

»Meine Tante ist hingefallen«, ruft Luise durch die Tür, »ich bin die Nichte und auf Besuch.« Es sei nichts Schlimmes, sie kümmere sich um Tante Frieda.

Doch die vermeintliche Tante verstummt nicht, sie schreit weiter und wehrt sich, so gut es eine fast 80-jährige Frau vermag.

Luise hebt den schweren Eichenstuhl und versucht, die Blutende damit zum Schweigen zu bringen. Der Stuhl zerbricht, als er zu Boden stürzt, doch Frieda Krakowiak ruft noch immer um Hilfe. Selbst dann noch, als die junge Frau mit Wucht das Stuhlbein auf ihren Kopf niedersausen lässt.

»Hilfe, Hilfe!«

Unterdessen haben die aufgeregten Nachbarn vor der Tür die Polizei angerufen, denn die fortgesetzten Rufe und die Geräusche sind ihnen nicht geheuer. So etwas haben sie in Kriminalfilmen gehört, sie glauben nicht an die Mär der vermeintlichen Nichte. Da bleibt nur 110.

Indes prügelt Luise auf die am Boden liegende Rentnerin weiter ein. Sie würgt sie mit bloßen Händen, drückt ihr ein Kissen aufs Gesicht, doch das Opfer vervielfacht in der Todesangst seine Kräfte und vermag es immer wieder, die Angreiferin abzuwehren. Die sieht auf dem Tischchen schließlich eine Tapetenschere und sticht in rasender Wut wieder und wieder auf die Frau ein, bis diese endlich verstummt. Das Blut sickert aus unzähligen Wunden durch die blaue Kittelschürze auf den Dielenboden. Es ist totenstill im Raum.

Hastig reißt Luise Jahn ein Bettlaken aus dem Schrank, denn über den Flur kommt sie nicht aus dem Haus. Dort trampeln die Nachbarn und schlagen mit den Fäusten gegen die Wohnungstür. Es bleibt nur die Flucht durchs Fenster.

Sie knotet zwei Bettlaken zusammen und diese ans Fensterkreuz, dann holt sie eilig den Beutel aus der Küche, in den sie die Schatulle und den Transistor gestopft hat. Sie schwingt sich, ohne einen Blick auf die Tote zu werfen, über den Sims, greift zum Laken und seilt sich ab. Das Letzte, was sie noch wahrnimmt, ist der Ruf: »Volkspolizei, öffnen Sie sofort die Tür.« Dann geht es abwärts.

Die Laken reichen nicht weit, sie muss springen. Bei der Landung knickt sie um, der Schmerz sticht hinauf bis unter die Schädeldecke. Aber sie muss fort, auch mit verstauchtem Fuß. Sie schwingt sich über den Gitterzaun und flüchtet in die Grünanlage.

Hinter ihrem Rücken versuchen die Polizisten der Funkstreife unter den neugierigen Blicken der Nachbarn in die Wohnung einzudringen. Hinter der Tür ist es inzwischen verdächtig still geworden. Wie nicht anders zu erwarten, bleibt der Eingang versperrt, so sehr die beiden Uniformierten daran rütteln.

»Da müsst ihr eben übers Fenster rin, wenn's von vorne nich jeht«, sagt einer der Zuschauer.

Einer der Streifenpolizisten nimmt den Tipp dankbar entgegen und läuft die Treppe zum Hausflur hinunter, verfolgt von dem Tipp-Geber. Der dirigiert ihn zur rückwärtigen Pforte des Hauses. Der Polizist sieht sofort das Malheur, da muss er nicht erst fragen, welche Fenster zu der Krakowiak-Wohnung gehören.

Das Wohnhaus von hinten. Rechts, in der ersten Etage, der Balkon von Frieda Krakowiak, daneben das Fenster, von dem sich Luise Jahn mit zwei Bettlaken im November 1976 abseilte; Aufnahme 2013

Er meldet sich sofort per Funk bei der Dienststelle, schildert die Lage und fordert Verstärkung mit Leiter und Arzt. Er geht von einem Verbrechen aus. Allerdings unterlässt er, auch einen Hund zu verlangen, damit dieser die Spur des oder der Tatverdächtigen aufnehmen kann. Auch die Kriminaltechniker und schließlich die Genossen der Morduntersuchungskommission versäumen das später. Das soll sich als schwerer Fehler erweisen.

Schon bald treffen die Kriminalisten in der Dietzgenstraße ein. Mit einer Leiter erklimmt ein Polizist den ersten Stock und öffnet von innen die verschlossene Wohnungstür.

Die Nachbarn recken die Hälse. Oberleutnant Klaus Schmelzer, der den Trupp leitet, fordert einen

Mitarbeiter auf, ihre Namen aufzunehmen. »Gehen Sie dann bitte in Ihre Wohnungen und halten Sie sich zur Verfügung. Wir kommen anschließend zu Ihnen und werden Sie befragen. Bitte!«

Er weiß, dass er in solchen Fällen nur schwer gegen die menschliche Neugier ankommt, doch er braucht keine Gaffer vor dem Tatort. Wenn die Bahre hinausgetragen wird, sehen sie es auch durchs Fenster.

Das halbe Dutzend Zuschauer zerstreut sich murrend, nachdem jeder seinen Namen dem jungen Leutnant in den Block diktiert hat. Noch auf der Treppe drehen sie die Hälse, als könnten sie durch die geöffnete Tür ein Zipfelchen erhaschen von dem, was die Kriminalisten zu sehen bekommen.

Im Wohnzimmer liegt eine Frau bäuchlings am Boden, das Gesicht in einer Blutlache, umsäumt von Porzellanscherben, die offenkundig von einer Blumenvase stammen. Das Stuhlbein daneben stammt von dem lädierten Sitzmöbel neben dem Tisch. Die Kriminalisten entdecken ferner eine blutverschmierte Schere, offenbar das Mordwerkzeug. Schmelzer sieht, dass die Frau tot ist. Der Mediziner, der wenig später die Wohnung betritt, kann dies nur bestätigen. »Keine Stunde«, sagt er, und meint damit, dass das Opfer vor kurzem erst verstarb. Darauf deuten ja alle Umstände hin, dieser Diagnose bedurfte es nicht.

»Was genau …«

»Ja, ich weiß«, kommt ihm Schmelzer zuvor, »woran die Frau gestorben ist, können Sie erst nach der gerichtsmedizinischen Untersuchung sagen.«

Der Arzt greift beleidigt nach seiner Tasche und folgt dem Oberleutnant in die Küche. Er nimmt am Tisch Platz, um den Vordruck auszufüllen, mit dem das Ableben eines Menschen attestiert wird.

»Wer ist sie?«

Schmelzer, dem inzwischen der blaue Personalausweis gereicht wurde, liest vor: »Frieda Krakowiak, geboren am 8. April 1900 in Berlin, wohnhaft in der Dietzgenstraße 50, seit …«, er blättert auf die entsprechende Seite, » … seit, seit … Vermutlich seit der Geburt.« Er stößt ein gequältes Lachen aus, das augenblicklich ein wenig deplatziert wirkt. »Ich kann das nicht entziffern. Lassen Sie die Spalte frei, wir tragen das nach.«

Nebenan, im Wohnzimmer, ist die Spurensicherung bereits aktiv. Der Fotograf hält jedes Detail auf Film fest, die Kriminaltechniker suchen nach Fingerabdrücken, wobei sie sich besonders aufs Fenster konzentrieren. Dort werden sie, nicht unerwartet, auch fündig. Der oder die Täter benutzten keine Handschuhe, und dass es sich nur um die Abdrücke einer einzigen Person handelt, ist auch bald klar. Mit den Aussagen der Anwohner, die auch nur eine Frauenstimme – neben der von Frau Krakowiak – gehört haben wollen, nämlich die der vermeintlichen oder tatsächlichen Nichte, scheint der Schluss nahezuliegen, dass es sich nur um eine Täterin gehandelt hat.

Wie Schmelzer alsbald von den Zeugen hören wird, hat die Tote aber offenbar keine Verwandten, von einer Schwester oder einem Bruder wusste im Hause niemand, folglich auch nicht von einer Tochter, die die Nichte gewesen sein könnte, wie die Stimme in der Wohnung behauptete.

Einer der Zeugen will im Treppenflur eine junge Frau gesehen haben, die vor der Tür von Frau Krakowiak stand. Nur kurz und vom Treppenabsatz, denn sie sei gleich in die Wohnung eingelassen worden. Schmelzer bestellt ihn für Montag in die Keibelstraße,

So finden die Kriminalisten den Tatort vor. Frieda Krakowiak liegt tot in ihrem Blut, die Scherben der zertrümmerten Vase liegen neben ihr

denn auf seine Frage, ob er sich in der Lage sehe, ihrem Zeichner bei der Anfertigung eines Phantombildes behilflich zu sein, hat er sofort mit Ja geantwortet.

»Gibt es irgendetwas Auffälliges? Fehlt etwas? Gibt es Hinweise auf einen Raubmord?« Schmelzers Fragen an seine Kollegen bleiben ohne Echo. Nur ratlose Gesichter. Warum die alte Frau in der Kittelschürze erschlagen oder erstochen wurde, ist nicht ersichtlich. War's eine Beziehungstat, Totschlag im Affekt? Die Spuren geben darüber keine Auskunft. Alle Schranktüren und Schubfächer sind verschlossen, nirgendwo herrscht Unordnung – sieht man von dem Raum ab, in dem die Tote liegt.

Nachdem alles dokumentiert, das Fenster verschlossen, der Leichnam ins Fahrzeug verladen ist, dreht Schmelzer noch mal eine Runde, ehe er den Schlüssel innen abzieht und von außen abschließt. Dann versiegelt er die Tür mit einem Klebestreifen.

Unten wartet sein Beifahrer, Leutnant Kalz.

Der ist so sauer wie er selbst. Ein Mord am Wochenende ist immer Mist. Normalerweise nutzt man den Bereitschaftsdienst, um Liegengebliebenes aufzuarbeiten, zwischendurch sieht man sich die Fußballoberliga im Fernsehen an und abends den »Kessel Buntes«. Aber so ein Fall bringt den geruhsamen Ablauf des 24-Stunden-Dienstes völlig durcheinander. Auch wenn der Befund der Gerichtsmedizin erst am Montag, vielleicht sogar erst am Dienstag vorliegen wird – bis dahin liegt die Leiche im Kühlfach –, muss er rotieren. Über die einschlägigen Melderegister muss er nach Angehörigen suchen lassen. Dass es laut Zeugenaussagen keine Verwandten gibt, besagt gar nichts. Findet man welche, müssen sie benachrichtigt werden. Sodann ist ein Raster zu erstellen: Wer kann noch Aussagen machen über die Tote? Das ganze Umfeld muss abgegrast werden.

Schmelzer verspricht sich auch einiges vom Phantombild und die Personenbeschreibung der möglichen Täterin durch den Zeugen, der sie in die Wohnung von Frieda Krakowiak hat verschwinden sehen. Er wird bei den Vorgesetzten nachfragen, ob man die Bevölkerung um Mithilfe bittet. Es muss ja nicht gleich die *Berliner Zeitung* sein, das inoffizielle Organ der SED-Bezirksleitung mag solche Nachrichten nicht. Aber in der *BZ am Abend*, die es überall an den S- und U-Bahnhöfen für einen Groschen zu kaufen gibt, sollte es schon zu machen sein. Immer vorausgesetzt, dass man die mögliche Täterin nicht auf anderem Wege identifizieren und schließlich dingfest machen kann. Ein Aufruf in der Zeitung gilt als die Ultima Ratio der Polizeiarbeit in der DDR, die letzte Möglichkeit, wenn es denn überhaupt nicht mehr weitergeht. Weil jeder Suchaufruf gleichzeitig zwei Botschaften befördert, die man nicht unbedingt öffentlich gemacht haben will. Zum einen ist es das Eingeständnis, dass die Kriminalpolizei nicht weiterkommt. Zum anderen – und das wiegt noch weitaus schwerer – macht es deutlich, dass es auch in der sicheren DDR Mord und Totschlag gibt. In diesem Fall zeigt sich überdies, dass man selbst in der eigenen Wohnung nicht sicher sein kann.

Kriminaltechniker bei der Spurensicherung

Oberleutnant Schmelzer seufzt hinter dem Lenkrad. Warum ich, fragt er, warum muss ausgerechnet ich die Arschkarte ziehn? Als Erstes muss er den Chef informieren. Ein Mord ist ein besonderes Vorkommnis, also meldepflichtig, egal, zu welcher Tages- oder Nachtzeit es geschieht – der Chef muss unterrichtet werden. Ein Versäumnis hätte ernste Folgen.

Danach wird er einen Bericht ausfertigen, den Maßnahmeplan erstellen, faktisch die Logistik der nunmehr einsetzenden Ermittlungen erarbeiten, die – das walte Hugo – mit der alsbaldigen Ergreifung der Täterin enden werden. Danach bekommt die Staatsanwaltschaft alles auf den Tisch, und das Gericht wird das Urteil sprechen. Aus die Maus.

Bis dahin jedoch ist noch einiges zu tun.

Schmelzer parkt elegant auf der Rückseite des Polizeipräsidiums ein. Der Platz vor dem Backsteingebäude, das im trüben Novemberlicht noch dunkler und düsterer aussieht als sonst, ist ziemlich leer. Es ist schließlich Wochenende. Schmelzer steigt aus dem Wartburg. Er wirft die Tür zu, es klingt blechern. Auch Kalz donnert seine an der Beifahrerseite ins Schloss. »Mann, das ist kein Panzer«, tadelt ihn der Oberleutnant, »das ist ein volkseigenes Dienstfahrzeug, das muss noch mindestens zwei Parteitage überstehen.« Da der letzte erst in diesem Jahr stattfand und das Auto noch nicht so alt ist, meint er die Parteitage von 1981 und 1986.

»Halleluja«, sagt Kalz belustig. Der Leutnant ist frisch von der Schule und noch nicht so abgestumpft. Hoffentlich bewahrt er sich diese jugendliche Frische ein paar Jahre, denkt Schmelzer, der das zermürbende Mahlwerk von Behörden aus eigenem Erleben kennt, und sagt »Amen«.

*

Seit Stunden schon liegt Luise Jahn auf ihrem Sofa und kühlt sich den Fuß. Der Sprung aus etwa anderthalb Metern Höhe und die unsanfte Landung haben zu einer sichtlichen Schwellung geführt. Den Rest besorgte die Flucht durch den Park. Die Angst hatte den Schmerz zunächst überlagert. Erst als sie zu Hause die Tür hinter sich abschloss und die Anspannung sich löste, spürte sie den pochenden Schmerz. Sie hatte noch das Geld aus der Schatulle gezählt – es waren über achttausend Mark –, dann die Schatulle und das Radio in dem Wäscheschrank im Schlafzimmer unter den lose darin verteilten Klamotten versteckt und schließlich die fünfhundert Mark auf den Küchentisch gelegt.

Seither macht sie sich kalte Umschläge. Zum Arzt zu gehen kommt für sie nicht infrage. Erstens ist Wochenende, sie müsste also in die Notaufnahme des Pankower Krankenhauses, was nicht so gut wäre. Die Polizei wird bestimmt Nachforschungen auch dort anstellen, und dann wäre sie geliefert. – Woher soll sie auch wissen, dass die Funkstreife überhaupt nicht ahnen konnte, dass sie sich den Fuß verstaucht hat. Und zweitens ist sie seit ihrer Kündigung im BWF nicht mehr sozialversichert. Jeder Arzt würde sie zwar zunächst behandeln, aber anschließend Erkundigungen über die SVK einziehen. So oder so wäre sie damit ein Fall und womöglich geliefert.

Also beißt sie die Zähne zusammen und versucht, sich über die Beute zu freuen.

Doch es will sich keine rechte Befriedigung einstellen. Das Wissen, dass sie die alte Frau Krakowiak getötet hat, lässt sich nicht aus dem Kopf verbannen.

Natürlich, sagt sie sich, ist die selber daran Schuld. Hätte sie nicht derart laut um Hilfe geschrien und wild um sich geschlagen, wäre die Sache für sie glimpflich ausgegangen.

Luise Jahn strickt sich eine Entschuldigung zurecht, an deren Ende sie das eigentlich Opfer ist.

Sie ist sich auch ziemlich sicher, dass sie nicht gesehen wurde und darum die Polizei keine Chance hat, sie zu finden. Vergessen, dass bei ihren wiederholten Verhaftungen und Verurteilungen stets die Fingerabdrücke genommen wurden und sie in der Wohnung viele Sachen angefasst hat: das Geschirr, die Vase, die Flasche, schließlich das Fensterkreuz … Gewiss kostet der Abgleich eine Unzeit, aber denkbar ist eine erfolgreiche Identifizierung schon. Nur Luise Jahn kann sich nicht vorstellen, dass die Kriminalisten ihr auf diese Weise auf die Spur kommen werden.

Am späten Abend dreht sich ein Schlüssel im Schloss. Luise Jahn schreckt aus dem Halbschlaf auf. Sie war eingedöst. Der Schmerz im Fuß hat nachgelassen, wenngleich das Gelenk noch unverändert geschwollen ist. Wolfgang macht das Licht an.

»Was ist mit dir los?«, erkundigt er sich besorgt, als er den Wickel und den Wassereimer sieht.

»Ach, nichts Besonderes. Ich habe der Schulzen von nebenan geholfen, die Gardinen abzunehmen. Die wollte sie waschen. Und als ich von der Leiter stieg, bin ich von der Sprosse gerutscht und blöd aufgekommen.«

»Du hast dir den Fuß verstaucht?«

»Ja, so ungefähr.«

»Da musst du zum Arzt.« Wolfgang ist besorgt.

»Nun lass mal die Kirche im Dorf. Der Schmerz lässt ja schon nach. Wenn es über Sonntag nicht besser werden sollte, kann ich am Montag noch immer zum Arzt humpeln.« Luises Rede duldet keinen Widerspruch, Wolfgang weiß das und schweigt darum.

»Übrigens, die fünfhundert Mäuse für die Haushaltskasse liegen auf dem Küchtisch«, sagt sie, und das soll so beiläufig klingen wie die Ansage der Uhrzeit.

Als wenn das im Moment so wichtig wäre, knurrt der Straßenbahnfahrer.

»Bringst du mir mal einen Schnaps«, ruft sie schließlich in die Küche. »Wodka hilft gegen alles.«

»Aber nicht bei verstauchten Füßen.« Wolfgang schüttelt über so viel Unvernunft den Kopf. Dennoch füllt er ein Senfglas zur Hälfte mit dem Wässerchen und trägt es nach nebenan.

»Warum hast du es nicht voll gemacht?«, wird er getadelt. »*Sto gramm* und keins weniger, das weißt du doch.« Trotz des Einwandes greift sie nach dem Schnaps und schüttet ihn in einem Zug in den Hals. Danach schüttelt sie sich kurz. »So, jetzt geht es mir schon besser …«

*

Am Montagmorgen tritt in der Keibelstraße die MUK zusammen. Wie stets sind die Territorialkriminalisten hinzugezogen, die Pankower Inspektion ist unter anderem mit Bernd Murner vertreten.

Hauptmann »Hanne« Viertel leitet, Oberleutnant Schmelzer trägt vor. Dann werden die Schritte festgelegt und die Aufgaben verteilt, genau so, wie Schmelzer es am Wochenende konzipiert hat.

Bei der nächsten Beratung am Dienstag liegt bereits das Phantombild der wahrscheinlichen Täterin vor. Der Zeuge aus dem Haus, der die Beschreibung geliefert hat, verfügte über ein sehr gutes Auge. Den Rest besorgte schließlich der professionelle Zeichner im Präsidium. Damit kann man arbeiten, sagt Wrobel anerkennend, als er das Konterfei sieht.

Es werden Kopien angefertigt und auf dem Dienstweg verteilt. Jeder Abschnittsbevollmächtigte im Pankower Kiez bekommt eine ausgehändigt und zieht damit durch Geschäfte und Einrichtungen, befragt Verkäuferinnen, Fleischer, Anwohner und Gewerbetreibende: Kennen Sie diese Frau?

Meist ernten sie Kopfschütteln, aber es gibt nicht wenige, die meinen, diese Frau schon mal gesehen zu haben. Doch niemand kennt sie mit Namen, keiner weiß, wo sie wohnt. Übereinstimmung herrscht jedoch darin, dass sie in Pankow leben müsse. Hier habe man sie schließlich getroffen.

Es ist naheliegend, dass daraufhin die Volkspolizisten ihr Augenmerk insbesondere auf die Kaufhallen lenken. Wer im Stadtbezirk wohnt, kauft hier auch ein. Sie sprechen mit dem Personal, zeigen den Mitarbeitern das Phantombild, lassen dieses aber nicht aushängen. Es steht zu befürchten, dass die Täterin auf diese Weise gewarnt werden könnte.

Die Mitarbeiter sind sehr verständnisvoll. Mit einer Mörderin macht sich niemand gemein. Die Verkaufsstellenleiter haben auch die Telefonnummer erhalten, unter der sie anrufen sollen, sobald die Frau bei ihnen aufkreuzt. Unter irgendeinem Vorwand soll man sie festhalten, bis dann eine Streife vorfährt und sie mitnimmt.

Davon unabhängig laufen die anderen Recherchen. Es werden die in der Wohnung der Ermordeten aufgenommenen Fingerabdrücke mit den archivierten verglichen, man prüft andere Tötungsdelikte, ob sie Ähnlichkeit mit diesem Fall haben, woraus sich etwa Hinweise auf einen Serientäter ergeben könnten, und dergleichen mehr. Die routinierte Polizeiarbeit, in die etwa ein Dutzend Kriminalisten unmittelbar einbezogen sind, bringt jedoch keine greifbaren Resultate.

Die Vorgesetzten werden langsam unruhig. Inzwischen regt sich auch Kritik, weshalb man es unterließ, unmittelbar nach dem Verbrechen mit dem Spürhund die Fährte aufzunehmen und zu verfolgen. Ja, gewiss, es war Wochenende, und am Montag war es bereits zu spät. Da hatten sich die Pankower zur Arbeit begeben und die Spuren objektiv verwischt. So fein war keine Hundenase, um dort noch was verfolgen zu können. Aber trotzdem.

Doch schließlich geht der lang ersehnte Anruf aus einer Kaufhalle ein.

*

Luise Jahn muss mal wieder den Kühlschrank auffüllen. Zudem ist die Stauchung zurückgegangen, sie kann wieder laufen, ohne das jeder einzelne Schritt schmerzt. Und nicht zuletzt der Umstand, dass über einem Mord in der Dietzgenstraße nichts in der Zeitung stand, macht sie sicher. Vielleicht lebt Frau Krakowiak sogar noch, versucht sie sich einzureden und damit ihr Gewissen zu beruhigen.

Wird schon Gras über die Sache wachsen, denkt sie, und ist auch deshalb zufrieden und mit sich im Reinen, weil Wolfgang nicht die Bohne bemerkt hat, und das Wissen, dass sie jetzt einige Tausend Mark »auf der Kante« hat, beruhigt zudem ungemein. Erst jüngst hat sie die Sprache wieder auf die Hochzeit gebracht. Sie denkt, dass die Zeit reif ist, die dritte Ehe zu schließen. Wolfgang ist nicht so ein Grenzdebiler wie seine beiden Vorgänger. Bei denen hatte sie zwar freie Hand, sie kontrollierten sie nicht wie Wolfgang, aber sie waren auch unfähig, Ordnung in ihr Leben zu bringen. Luise braucht die ordnende Hand, eine Schulter, an die sie sich lehnen kann, und nicht nur einen Hengst zum Bespringen.

Sie hat einige Pfandflaschen im Beutel, die sie gleich in der Flaschenannahme im hinteren Teil der Kaufhalle abgeben will. Sie schnappt sich am Eingang einen Drahtkorb, marschiert zwischen den Regalen hindurch und bemerkt nicht, wie vorn an den Kassen zwei Frauen die Köpfe zusammenstecken. Die eine Kassiererin läuft gleich in die Büroräume, wo der Chef sitzt. Der hat das Phantombild an die Wand gepinnt, an der auch das Porträt des Staatsratsvorsitzenden hängt.

»Die ist da«, sagt die Kassiererin aufgeregt und zeigt mit dem Finger auf die Zeichnung.

Sofort wählt der Verkaufsstellenleiter die Nummer, die auf dem Blatt vermerkt worden ist. Jaja, sagt er und nickt wiederholt, dann legt er auf. »Ich komme mit.«

Dann folgt er der Kassiererin in den Kassenbereich. Sie weist unauffällig in eine Regalflucht. Dort läuft eine Frau mit einem blonden Pony. Sie hat zweifellos eine gewisse Ähnlichkeit mit der Person auf der Zeichnung. Er gibt den Kolleginnen an den Kassen ein Zeichen, sich unauffällig und ruhig zu verhalten, er werde das schon machen. Dann tritt er in den Schatten eines Warenregals und wartet, bis die Frau mit dem gefüllten Korb an einer der Kassen steht und die Ware aufs Band legt. Die Kassiererin tippt alles sorgfältig ein und lässt sich nichts anmerken. Dann

Phantombild der vermeintlichen Täterin, das nach Zeugenaussagen angefertigt wurde. Es soll sich als das entscheidende Hilfsmittel erweisen

spuckt die Kasse den Papierstreifen aus, die Frau nennt den Preis, nimmt das Geld entgegen und öffnet die Kasse, um das Wechselgeld herauszugeben. Warum passiert nichts?

Erst als Luise Jahn die Sachen in ihren Beutel verstaut hat, rauscht der Verkaufsstellenleiter heran.

»Entschuldigen Sie, bitte«, sagt er zurückhaltend und erkennbar peinlich berührt, »wir haben ein Problem mit der Kasse. Wir müssen immer wieder Stichproben machen, ob alles korrekt verbucht wird.«

»Ich glaube schon«, sagt Luise Jahn völlig seelenruhig, »ich denke nicht, dass ich zu viel oder zu wenig gezahlt habe.«

Der Kaufhallenchef lächelt. »Das mag schon sein, aber mit Glauben allein ist es nicht getan. Wir sind in Preußen, da muss alles seine Ordnung haben. Wollen wir mal gemeinsam nachrechnen?« Er streckt ihr die Hand entgegen. »Geben Sie mir doch mal bitte den Kassenbon.«

»Muss das denn sein? Ich habe nicht viel Zeit, muss zur Schicht«, reagiert jetzt Luise Jahn etwas unwirsch. Es ist ihr lästig. »Kontrollieren Sie doch die da.« Sie weist auf die anderen Kassen, die die Kunden ungehindert passieren.

»Ich sagte doch schon: Es handelt sich nur um diese eine Kasse, wo Sie abkassiert worden sind.«

»Machen Sie doch Ihre Stichprobe gefälligst beim nächsten Kunden. Ich habe darauf keinen Bock.«

»Tut mir wirklich leid, ich beeile mich auch«, lenkt der Verkaufsstellenleiter scheinbar ein und wiederholt erneut die Bitte um Aushändigung des Kassenbons.

Genervt fördert Luise Jahn den Schnipsel aus den Tiefen ihres Einkaufsbeutels zutage und reicht ihn herüber.

»Danke. Und nun muss ich jede einzelne Eingabe mit dem EVP auf der Ware vergleichen. Legen Sie bitte alles auf den Packtisch.«

Sehr vernehmlich stößt Luise Jahn die Luft ungehalten aus, kommt aber der Aufforderung, wenngleich widerwillig, schließlich nach. Sie merkt immer noch nichts.

Erst als zwei Polizisten durch die Eingangstür der Kaufhalle eilen, weiß sie, was die Glocke geschlagen hat. Sie unternimmt erst gar nicht den Versuch zu flüchten und folgt ohne Widerstand den beiden Uniformierten, die sie bitten, sie »zur Klärung eines Sachverhalts« zur Dienststelle zu begleiten.

*

Die Männer in der Keibelstraße haben keine Mühe, Luise Jahn der Tat zu überführen, auch wenn diese zunächst alles bestreitet. Die Indizien wie etwa ihre Fingerabdrücke am Fenster sind eindeutig, auch die Blutspuren sind es: Bei früheren Verfahren war auch die Blutgruppe der jungen Frau dokumentiert worden. Die Kriminaltechniker haben sehr gute Arbeit geleistet. Aber auch die anderen Ermittler sind nicht untätig gewesen. Letztlich hätte man Luise Jahn irgendwann auch ohne das Phantombild gefasst. Bei der Überprüfung des weiteren Umfeldes des Opfers war man nämlich im Kreis der engeren Verdächtigen über die Mutter, die ja eine Kollegin von Frieda Krakowiak war, auch auf deren Tochter gestoßen. Eine Sonderspur, wie die Kriminalisten es zu nennen pflegen. Sie stand auf der Liste der Personen, die offiziell vorgeladen und befragt werden sollten …

Das hat sich nun in gewisser Weise erledigt.

Die Staatsanwaltschaft erlässt Haftbefehl. Die Männer der MUK fügen alles zu einem Untersuchungsbericht zusammen, auf dessen Basis schließlich Anklage erhoben wird.

Anfang 1977 verhandelt der Zweite Strafsenat des Stadtgerichts von Berlin gegen Luise Jahn. Die Beweislast ist erdrückend, zudem hat sie die Tat gestanden. Das mindert ihre Schuld keineswegs.

Am Ende des Verfahrens verurteilt das Gericht sie »Im Namen des Volkes« wegen Mordes zu einer lebenslangen Freiheitsstrafe.

Vier Schachteln Zigaretten

Anton Mielitz ist plötzlich stocknüchtern. Bereits im Treppenaufgang ist ihm der Brandgeruch in die Nase gestiegen. Doch als er den dritten Stock erreicht, in welchem die kleine Wohnung liegt, ist der Gestank am stärksten. Was ist hier los? Und wo ist »Ali«, sein 13-jähriger Sohn? Der Kellner wühlt hektisch in der Manteltasche nach dem Schlüssel, doch den benötigt er nicht: Die Tür ist unverschlossen. Mielitz stößt sie auf und – sieht vor Rauch so gut wie nichts.

Er tastet sich zum Lichtschalter vor, die Lampe an der Decke des schmalen Flurs flammt auf. Das schwache Licht der Glühbirne dringt kaum durch die Schwaden, Garderobe und die abgehenden Türen sind kaum zu erkennen. Sie sind alle geschlossen. Er reißt die erste auf, das ist die Küche. Auch hier dichter Rauch, der den Atem nimmt. Feuer aber ist nicht zu sehen, keine züngelnden Flammen oder knisternde Glut. Er öffnet das Fenster und lehnt sich hinaus in die klare Nacht. Scheiße, was ist hier passiert? Dann eilt Mielitz ins Wohnzimmer nebenan. Dort ist es nicht anders. Undurchdringlicher Qualm, der die Luft raubt. Er stolpert zum Fenster, öffnet es in aller Eile, atmet tief durch. Nach einigen Minuten erst ist er in der Lage, sich umzudrehen und das vernebelte, verkohlte Zimmer zu inspizieren. Auf dem Bett, in der Ecke zwischen Schrank und Sessel, liegt sein Sohn. Reglos liegt er auf dem verkohlten Kopfkissen. Mielitz stützt sich benommen auf den Sims, wie angekettet steht er da, unfähig, sich zu rühren.

Was soll er tun? Die Feuerwehr rufen? Es scheint nirgendwo mehr zu brennen. Es *hat* gebrannt, aber die Flammen sind erloschen. Geht er zur Polizei? Holt er die Nachbarn aus dem Schlaf? Es ist schließlich zwei Uhr in der Nacht. Haben sie bis jetzt nichts bemerkt, dann würden sie auch sein Klingeln und Klopfen kaum hören.

Mielitz entschließt sich nach kurzer Besinnung, zur nächsten Telefonzelle zu laufen und die bekannte Nummer zu wählen. Vorn an der Ecke Schnellerstraße steht so ein gelber Glaskasten. Der 42-jährige Kellner läuft die Treppe hinunter, überquert den Hof und passiert den Durchgang im Vorderhaus.

Tatort Fennstraße, Vorderhaus, 1968

Am anderen Ende der Leitung meldet sich der Diensthabende der VP-Inspektion Treptow. Mielitz sprudelt aufgeregt in die Muschel, er sei soeben von der Schicht gekommen und seine Wohnung offen gewesen. Drinnen sei alles voller Rauch, es habe gebrannt, und vermutlich sei sein Sohn tot. »Ali« läge jedenfalls starr und steif auf dem Bett.

Er solle in das Haus zurückkehren, sagt der Polizist. Er schicke sofort jemanden vorbei.

Wenige Minuten später fährt die Feuerwehr mit Blaulicht vor, die Schnelle Medizinische Hilfe kommt mit Martinshorn, und es klappen die Türen eines Polizeiautos, dem zwei Männer in Zivil entsteigen. Sie gehören zum Kriminaldauerdienst. Überall gehen jetzt die Lichter im Vorderhaus an. Großes Schauspiel auf der Straße, aufregender als das Fernsehprogramm, die Gardinen werden beiseite gezogen.

Mielitz steht am Eingang. Nervös zieht er an der Zigarette, er ist merklich durcheinander. »Haben Sie angerufen?«, ruft der Chef der Feuerwehrtruppe, und Mielitz tritt seine Kippe aus. »Wo ist es?«

»Kommen Sie mit, ich gehe voran.«

Die Männer trampeln im Seitenflügel die Treppe hinauf. Für sie ist nichts mehr zu tun, verrät schon ein flüchtiger Blick in die Wohnräume. Alle Feuer sind verendet, es gibt auch keine Glutnester, die man löschen müsste. Sie stochern in den Brandstellen, da ist nichts, was ihr Verbleiben begründete.

»Da haben Sie aber noch mal Glück gehabt«, sagt einer der Feuerwehrmänner und klopft Mielitz ermutigend auf die Schulter. Wenn das Feuer Luft bekommen hätte, stünde jetzt das ganze Haus in Flammen, und sie hätten alle Hände voll zu tun. Offenkundig hat der Feuerwehrmann nicht bemerkt, was die Polizisten im Wohnzimmer als Erstes inspizieren: die Leiche eines Jungen. Von *Glück* also lässt sich aus der Sicht des Vaters wohl kaum sprechen.

Der Löschmeister spricht nur kurz mit den Kriminalpolizisten, dann befiehlt er den Abmarsch. »Gute Zeit«, lobt er sich selbst. »2.16 Uhr alarmiert, 2.29 Uhr Brand liquidiert.«

Mielitz lehnt am Fenster und raucht schon wieder. Der Zigarettenrauch überlagert den entsetzlichen Brandgeruch nur mäßig. Obgleich inzwischen die Schwaden hinausziehen, bleibt dieser zurück.

Der Arzt beugt sich über den Jungen und schüttelt den Kopf. Anton Mielitz versteht aber nicht, was er dem Polizisten sagt. Es ist nur ein kurzer Dialog. Dann kommt der Mann, der offenkundig das Sagen hat, auf ihn zu.

»Oberleutnant der K Kaiser, Rudolf Kaiser«, sagt er und reicht ihm die Hand. »Sie wohnen hier?«

Mielitz nickt. »Seit ein paar Monaten.«

»Und wer ist der Junge? Ihr Sohn?«

»Ja, das ist Alfred. Was ist mit ihm?«

Der Oberleutnant legt sein Gesicht in Falten. »Er ist tot. Woran er starb, wird die Gerichtsmedizin ermitteln.« Er macht eine Pause und legt seine Rechte auf Mielitzs Schulter.

Der ist verstört. »Was ist hier passiert? Hat er gekokelt? Das hat er nämlich nie gemacht.«

Der Kriminalist schüttelt den Kopf. Er wolle der Untersuchung nicht vorgreifen, aber das könne er ausschließen. Sein Junge hat eine Wunde am Kopf, die er sich vermutlich kaum selber zugefügt haben kann. »Aber Brandstiftung kommt hin.«

Er weist auf die angekohlte Wäsche im Schrank, auf das geschwärzte Kopfkissen. »Das brennt nicht von allein. Und ein Kurzschluss ist gewiss auch auszuschließen.«

Mielitz zieht schweigend an der Zigarette.

»Ich nehme Sie jetzt erst einmal mit auf die Inspektion, da schreiben wir alles in Ruhe auf.«

»Was ist mit meinem Sohn? Ich kann doch hier nicht weg!« Mielitz wacht auf, scheinbar beginnt er erst jetzt zu realisieren, was um ihn herum geschieht: die verkohlte Wohnung, das geschäftige Treiben der Kriminaltechniker und der Mediziner, sein insistierendes Gegenüber, das beruhigend auf ihn einspricht und ihn mitnehmen will.

»Ihr Sohn wird von der SMH in die Gerichtsmedizin überführt. Und wenn wir hier alles aufgenommen und die Spuren gesichert haben, verschließen wir erst einmal die Tür. Geben Sie mir bitte die Schlüssel.« Und auf den skeptischen Blick reagierend, fügt Kaiser an: »Sie kriegen ihn nachher wieder.«

Kaiser reicht das Bund gleich weiter an den Offizier, der die weitere Untersuchung vor Ort leitet. »Kommen Sie. Wir fahren mit meinem Wagen zur VP-Inspektion im Sterndamm 102. Ich bringe Sie anschließend auch wieder zurück.«

Bereits im Auto erkundigt sich der Oberleutnant, ob Mielitz eine Vermutung habe. Doch der noch immer wie abwesend wirkende Kellner verneint ein ums andere Mal. Er habe nicht den blassesten Schimmer, wer das gemacht haben könnte und warum. »Sagen *Sie* mir, was oder wer dahinter stecken könnte«, sagt Mielitz, und nun bleibt ihm Kaiser die Antwort schuldig.

Im Dienstzimmer in der VP-Inspektion spannt Rudolf Kaiser das Blatt und mehrere Durchschläge mit Blaupapier in die Schreibmaschine. »Anzeige«

steht über dem Vordruck. Im Kopf vermerkt er »Berlin, den 25.04.1968, 05.00 Uhr« und die Tagebuch-Nummer »772/68 Trptw«. Das Kürzel ist zwar albern, schließlich spart es lediglich zwei Vokale, aber es hat sich in der Inspektion so eingebürgert.

Unter »Delikt/Rechtsgrundlage« trägt er ein: »Verdacht der vorsätzlichen Tötung i. V. mit vorsätzlicher Brandstiftung §§ 212, 211, 306, 73 StGB.« Das Opfer wird in der Spalte »Geschädigt« eingetragen. Wahrlich, Alfred Mielitz, genannt »Ali«, geboren am 28. August 1954 in Berlin, hat ein Maximum an Schädigung erfahren: Er ist tot. »Begehungsweise: Mittels stumpfen Gegenstandes wurde das Opfer im Bett liegend geschlagen und getötet. Anschließend Zimmer in Brand gesetzt.«

Die Anzeige, so schreibt der Oberleutnant der K Rudolf Kaiser weiter, erfolge »von Amtswegen«. Danach nimmt er die Schilderung von Anton Mielitz auf: wie dieser nach Hause gekommen ist und die Wohnung vorgefunden hat. Danach setzt er seine Unterschrift unter den 15-Zeiler.

Gegen halb sechs ruft er im Polizeipräsidium in der Keibelstraße an und informiert die Branduntersuchungskommission (BUK). Diese setzt umgehend einen ganzen Tross nach Schöneweide in Marsch: Oberleutnant der K Hausmann, die Kriminaltechniker Leutnant Raskin, Oberleutnant Raatz, Leutnant Bromberger und Leutnant Buhl. Der Gruppe schließt sich der Oberleutnant der Feuerwehr Kittel an, er ist der Brandursachenermittler.

In der anschließenden Befragung Mielitzs durch Oberleutnant Kaiser geht es vornehmlich um Beobachtungen und Vermutungen. Die beiden Männer halten sich mit viel Kaffee wach, denn in dieser Nacht

PdV-P Berlin, Abtlg. K
Aufnehmende Dienststelle

772/68 Trpt.
Tgb.-Nr.

Berlin , den 25.04.1968
Ort

05.00
Uhrzeit

/ erfolgte
Fahndung KT-Einsatz

Verdächtigt:

Delikt / Rechtsgrundlage:
Verdacht der vorsätzlichen Tötung
i.V. mit vors. Brandstiftung
§§ 212,211, 306, 73 STGB

Geschädigt:
Alfred,M geb.28.08.54 Bln.
whft.gew. Bln.-N-weide,
Fennstr.

Begehungsweise:
Mittels stumpfen Gegenstandes wurd
das Opfer im Bett liegend ge-
schlagen und getötet.Anschliessend
~~Zimmer in Brand gesetzt.~~

Zeuge:

Wert / Schaden:

Gegenstand (Art, Marke, Nr.):

Mittwoch, 24.04.68
Tatzeit:
Bln.-N-weide, Fennstr.
Tatort / Fundort:

Anzeige

Der / Die Von Amtswegen
z. Z. ausgeübte Tätigkeit Vorname Zuname

geboren / in PA-Nummer

Wohnanschrift Telefon

Anschrift der Arbeitsstelle Telefon

zeigt an:

Am 25.04.1968 gegen /02.00 Uhr kam der M , A
geb. 21.03.1926, whft. Berlin-Niederschönweide, Fennstr. von
seiner Arbeitsstelle (Kellner) zu seiner Wohnung. Nach dem
Öffnen der geschlossenen aber nicht verschlossenen Wohnungstür
bemerkte er erhebliche Rauchenwticklung innerhalb seiner Wohnung.
In der Folge fand er seinen Sohn Alfred M in seinem Bett im
Wohnzimmer der Wohnung liegend tot vor.
Bei Alfred M wurde eine nicht unerhebliche Kopfverletzung
an der rechten Schädelseite vorgefunden, die ursächlich für

\- 2 -

den Todeseintritt sein kann. Weiterhin fanden sich mehrere
gelegte Brandherde im Tatzimmer die starke Rauchentwicklung
erzeugten. Einiges Mobilar des Zimmers ist ver- bzw. angebrannt.
Leiche wurde ins Institut für gerichtliche Medizin übergeführt.

Kaiser
Oberleutnant der K

Faksimile der Anzeige, die morgens 5 Uhr in der VP-Inspektion von Oberleutnant Kaiser aufgesetzt wird kommt keiner von ihnen zum Schlafen. Kaiser fragt, ob Mielitz mit Leuten aus dem Hause auf Kriegsfuß stünde, was dieser verneint. Dazu wohne er noch nicht lang genug dort, er würde noch nicht einmal alle Mieter aus dem Aufgang kennen. Der einzige, mit dem er sich mal angelegt habe, sei Polze von gegenüber. Der habe ihn mal attackiert, als der Junge das Radio zu laut aufgedreht hatte.

Kaiser ruft daraufhin per Funk seinen Kollegen vor Ort an, er solle mal beim Nachbarn klingeln und nach dem Rechten schauen, ob es irgendwelche Hinweise oder gar Beweismittel für Brandstiftung gebe. Durchsuchungsbeschluss? »Sag ihm: Gefahr im Verzuge, und nimm Staatsanwalt Miltz mit. Oder ist der noch nicht vor Ort? Er wird danach auch den Beschluss ausfertigen … Okay, ist da. Dann holt Reinhard Polze mal aus dem Bett und sag Bescheid, falls ihr was finden solltet.«

Die beiden reden weiter, durchforsten Mielitzs personelles Umfeld. Das ist sehr überschaubar. Eigentlich bleibt nur eine Kontaktperson übrig: Karla Hülsch, mit der er einige Jahre zusammenlebte, wie Mielitz sagt, die er aber vor einigen Tagen rausgeschmissen habe, weil sie ihm auf der Tasche lag.

Inzwischen ist es draußen hell geworden, ein lauer Frühlingstag bricht an. Der blaue Morgenhimmel und die leuchtende Sonne wollen nicht so recht zu der tragischen Geschichte in der Fennstraße passen. Kaiser lässt frische Luft in das verräucherte Büro.

Er muss zu seinem Vorgesetzten.

»Machen wir hier erst einmal einen Punkt. Ich lasse Sie in Ihre Wohnung zurückbringen. Wenn die Kriminaltechniker alles aufgenommen haben, können Sie bereits mit dem Aufräumen beginnen …

Irgendwie muss es ja weitergehen. Setzen Sie sich mit der Kommunalen Wohnungsverwaltung in Verbindung, informieren Sie Ihre Arbeitsstelle und so weiter. Das Übliche eben.«

Kaiser erschrickt über seine Gedankenlosigkeit. Was für ihn üblich, ist für Mielitz natürlich anomal.

8 Uhr ist er beim Chef. Dieser informiert umgehend das Dezernat II im Polizeipräsidium in der Keibelstraße. Dort ist die Mordkommission angesiedelt – erst später wird ihr der etwas präzisere und weniger missverständliche Titel »Morduntersuchungskommission« verliehen werden.

Nach eingehender Beratung und Abstimmung mit den Territorialkriminalisten in Treptow wird noch am Donnerstag Mielitzs Ex-Verlobte im Prenzlauer Berg zugeführt.

Anderntags, am Freitag, setzt Oberleutnant der K Kraft ein förmliches Schreiben an den »Haftstaatsanwalt im PdVP Berlin« auf.

»Sie werden gebeten, gegen die Industrienäherin
Hülsch, Karla,
geboren am 08. April 1944 Insterburg,
whft. 1071 Berlin, Erich-Weinert-Str. 25,
led., keine Kinder,
Staatsangehörigkeit DDR, zur Zeit ohne Arbeitsverhältnis …
Haftbefehl zu erlassen.

Die Hülsch steht im dringenden Verdacht, am 24. April 1968 den Schüler Alfred Mielitz, geb. 28. August 1954, whft. gew. in Berlin-Niederschöneweide, Fennstr., in dessen väterlicher Wohnung vorsätzlich getötet zu haben, indem sie diesem, als er schlief, Schläge mit einem Hammer auf den Kopf versetzte und in der Wohnung (Tatzimmer) mehrere Brände legte.

Als Motiv gibt die Beschuldigte an, dass sie in der Wohnung einen schweren Diebstahl verübte und den Jungen töten wollte, um diese Straftat zu verdecken.

Als Beweismittel liegen die in ihrer Wohnung beschlagnahmten Gegenstände, die sie aus der Wohnung entwendete, das Gutachten des Instituts für Gerichtliche Medizin sowie das Geständnis der Beschuldigten vor.

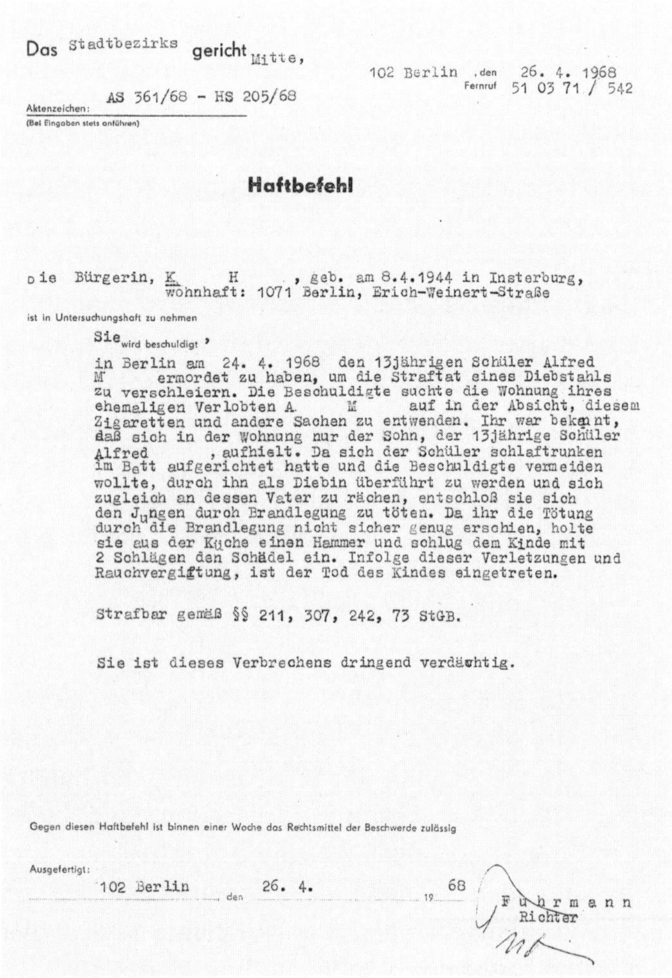

Das Stadtbezirksgericht Mitte,

102 Berlin, den 26. 4. 1968
Fernruf 51 03 71 / 542

Aktenzeichen: AS 361/68 – HS 205/68
(Bei Eingaben stets anführen)

Haftbefehl

Die Bürgerin, K. H, geb. am 8.4.1944 in Insterburg,
wohnhaft: 1071 Berlin, Erich-Weinert-Straße

ist in Untersuchungshaft zu nehmen

Sie wird beschuldigt,

in Berlin am 24. 4. 1968 den 13jährigen Schüler Alfred M ermordet zu haben, um die Straftat eines Diebstahls zu verschleiern. Die Beschuldigte suchte die Wohnung ihres ehemaligen Verlobten A. M auf in der Absicht, diesem Zigaretten und andere Sachen zu entwenden. Ihr war bekannt, daß sich in der Wohnung nur der Sohn, der 13jährige Schüler Alfred , aufhielt. Da sich der Schüler schlaftrunken im Bett aufgerichtet hatte und die Beschuldigte vermeiden wollte, durch ihn als Diebin überführt zu werden und sich zugleich an dessen Vater zu rächen, entschloß sie sich den Jungen durch Brandlegung zu töten. Da ihr die Tötung durch die Brandlegung nicht sicher genug erschien, holte sie aus der Küche einen Hammer und schlug dem Kinde mit 2 Schlägen den Schädel ein. Infolge dieser Verletzungen und Rauchvergiftung, ist der Tod des Kindes eingetreten.

Strafbar gemäß §§ 211, 307, 242, 73 StGB.

Sie ist dieses Verbrechens dringend verdächtig.

Gegen diesen Haftbefehl ist binnen einer Woche das Rechtsmittel der Beschwerde zulässig

Ausgefertigt:
102 Berlin, den 26. 4. 1968

Fuhrmann
Richter

Die Beschuldigte ist somit überführt und geständig.

Aufgrund der zu erwartenden hohen Strafe ist der Haftbefehl gesetzlich begründet.«

Abschließend – in einem Rechtsstaat muss alles seine juristische Ordnung haben – bittet Oberleutnant Kraft im Nachgang um Ausfertigung einer Anordnung zur Durchsuchung der Wohnung von Reinhard Polze. Diese sei »vor Bekanntwerden der Beschuldigten« notwendig gewesen, »da nicht ausgeschlossen werden konnte, dass in dessen Wohung Beweismittel vorgefunden werden konnten«. Auch wenn dies nunmehr alles gegenstandslos geworden ist, muss die Form gewahrt werden.

»Haftbefehlsantrag sowie durchgeführte Durchsuchungen und Beschlagnahmungen werden vom Staatsanwalt Miltz befürwortet.

Kraft, Oberleutnant der K.«

Noch am gleichen Tag erfolgt Vollzug. Staatsanwalt Czwoidzinski beantragt bei der Strafkammer des Stadtbezirksgerichts Berlin-Mitte, gegen Karla Hülsch Haftbefehl zu erlassen. Der wird noch am Freitag aufgesetzt und von Richter Fuhrmann unterzeichnet.

*

Der Haftbefehl wird Karla Hülsch am Freitag um 16.25 Uhr von Richter Fuhrmann verkündet. Für die meisten Berliner hat bereits das Wochenende begonnen. Jene, die einen Garten haben, sind schon längst ins grüne Umland der Stadt unterwegs. Es ist Frühling und auf dem Grundstück vieles nach dem Winter zu erledigen. Andere wiederum stehen zur Stunde in den Schlangen an den Kaufhallenkassen wie an jedem Freitagnachmittag.

Nur im Stadtbezirksgericht Mitte in der Littenstraße wird noch gearbeitet.

Richter Fuhrmann, ein Mann mittleren Alters mit Ansatz zu Bauch und Glatze, hat, bevor er den Haftbefehl unterzeichnet, mit der Beschuldigten, wie Karla Hülsch jetzt offiziell tituliert wird, gesprochen, und Frau Regner, die Schriftführerin, hat mitgeschrieben und in Amtsdeutsch gefasst, was die junge Frau in unbeholfener Sprache »zur Sache« ausführte.

Karla Hülsch, vor reichlich zwei Wochen 24 Jahre alt geworden ist, erzählte stockend und sprunghaft. Wieder und wieder musste der Richter nachfragen. Er tat dies mit angemessener Freundlichkeit, fast väterlich, denn er sah, dass er nicht nur ein Häuflein Elend vor sich hatte. Ihm gegenüber saß eine kräftige, um nicht zu sagen: dicke Frau mit dunklen Haaren. Die 88 Kilo verteilten sich auf gerade mal einen Meter vierundsechzig. Aus dem runden, grobschlächtigen Gesicht ragte eine Stupsnase, die üblicherweise Mädchengesichtern etwas Keckes gaben, hier erinnerte es eher an … Nein, Fuhrmann verdrängte diesen Gedanken sofort wieder. Aber er glaubte Karla Hülsch aufs Wort, dass sie wegen ihres Aussehens und der Figur in der Schule und auch später oft gehänselt worden sei, wie sie berichtete.

Zudem machte die junge Frau keinen sonderlich hellen Eindruck. Ihre Hemmungen schienen nicht nur Ausdruck von Verstörung und Unsicherheit, sondern auch von sichtlich begrenzter Intelligenz zu sein. Das alles aber war für den Haftrichter kein Grund, sich herablassend oder abweisend gegenüber dieser Frau zu verhalten. Es hätte seiner Dienstauffassung widersprochen, sich ihr gegenüber anmaßend zu verhalten. Er distanzierte sich immer von der Tat, jedoch nicht unbedingt vom Menschen, der sie verübte. Selbst wenn es wie hier um Mord, Brandstiftung und Diebstahl ging. Er wollte stets die Motive ergründen, die zu einem Verbrechen führten.

Fuhrmann hatte das Vernehmungsprotokoll vom Vortag aufmerksam studiert. Major Hase, Oberleutnant Kraft und Oberleutnant Hausmann, drei erfahrene Offiziere der K, vernahmen am Donnerstag von 18.40 bis 22.45 Uhr die Beschuldigte. Der Ertrag jener vier Stunden: keine sechs Seiten.

Sie käme aus Insterburg, begann nunmehr Richter Fuhrmann harmlos und freundlich. Ob sie noch Erinnerungen an Ostpreußen besäße?

Die Antwort: verständnisloses Schweigen.

»Ich sehe aus den Unterlagen, dass Sie dort im April 1944 zur Welt gekommen sind«, fügte Fuhrmann erklärend an.

»Ach so. Nein, ich kann dazu nichts sagen, auch nicht, wann wir, also Mutter, meine ältere Schwester Dagmar und ich, wieder nach Berlin zurückgekommen sind. Wir sind wegen der Bombenangriffe damals eva …, eva …«

»Evakuiert worden«, vervollständigte der Richter den Satz.

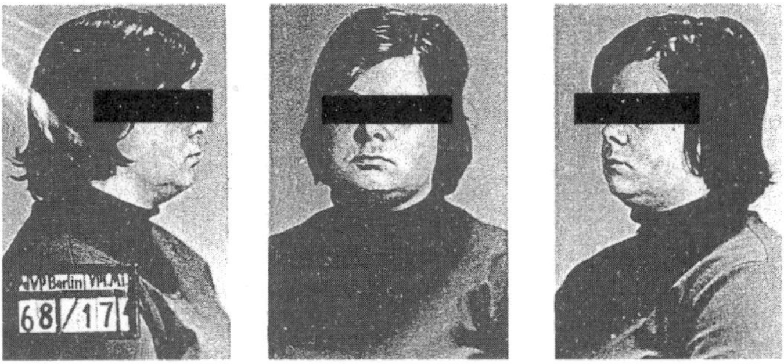

Die 24-jährige Karla Hülsch, Polizeifoto 1968

»Ja, genau.«

»Und Ihr Vater?«

»Kenn ich nicht. Der war seit Ende 1943 vermisst.«

»Ostfront?«

Karla Hülsch hob die Schultern. »Den hat dann meine Mutter irgendwann für tot erklären lassen.«

»Was ist Ihre Mutter von Beruf?«

»Von Beruf ist sie Stepperin. Na, so etwas Ähnliches wie ich. Ich habe ja Industrieschneiderin gelernt beim VEB Tadellos in der Immanuelkirchstraße.«

»Darauf kommen wir noch zu sprechen. Sie kehrten mit der Familie also nach dem Krieg zurück nach Berlin. Wohin genau?«

»War eine schwere Zeit. Wir zogen zur Oma. Die mochte mich nicht. Einmal, da lag sie im Bett, stieß sie mit dem Fuß nach mir …«

Fuhrmann unterbrach sie. »Lebte Ihre Großmutter allein? Hatte sie eine große Wohnung, in der alle Platz hatten?«

»Nein. Sie hatte eine Stube und eine Küche. Und da lebten sie, meine Mutter und wir beiden Kinder, mein Onkel und meine Tante und deren Sohn, mein Cousin. Den hat Oma immer vorgezogen. Die Wohnung war irgendwo in der Nähe vom Senefelderplatz. Unten in dem Haus war eine Kohlehandlung. Wir Kinder haben auf den Wagen immer Einkriegezeck gespielt. Einmal bin ich dort runtergefallen und habe mir ein Loch ins Bein geschlagen.« Wie zur Bekräftigung nickte Karla Hülsch dazu mit dem Kopf. »Meine Mutter hat dann einen Mann kennengelernt, einen Witwer. Der ging an Krücken.«

»Ein Kriegsinvalide?«

»Keine Ahnung. Der humpelte immer. Wir sind dann zu ihm in seine Wohung gezogen. Er hatte zwei oder drei Jungs. Er war ein guter Mensch, aber wenn ihm was gegen den Strich ging, fing er an zu toben. Seine Kinder hat er auch geschlagen. Oder er nahm ihnen das Abendbrot weg. Dagmar wollte er auch mal prügeln, aber die war schneller als er. Sie lief über die Ehebetten, da kam er mit seinen Krücken nicht hinterher. Dagmar ist dann mit 17, das war 1952, rüber nach Westdeutschland zu einer Tante von uns. Kam aber nach einem Jahr wieder und hat einen von der Polizei geheiratet. Der war aus Weißenfels, und sie zog auch dorthin.«

Sanft versuchte Richter Fuhrmann, die junge Frau zum Thema zurückzuführen, und das lautete nun einmal anders. Es war schwer, den gleichermaßen wirren Erzählfluss, der diese Bezeichnung kaum verdiente, weil er oft von vielen und langen Pausen unterbrochen wurde, in ein vernünftiges Fahrwasser zu bringen.

»Sie sind dann irgendwann eingeschult worden?«

Sie nickte. »Mit sechs. War aber nicht so toll. Ich habe nicht begriffen, wie man die Buchstaben zusammensetzt. Ich bin in der ersten Klasse sitzengeblieben, und nachdem ich das Schuljahr wiederholt habe, hat man mich auch nicht in die zweite Klasse versetzt. Ich kam an die III. Sonderschule in der Kastanienallee. Meine Mutter hat in der Zeit Franz Last geheiratet, nicht den Krüppel. Das war ein anderer. Meinen Stiefvater musste ich immer mit ›Onkel Franz‹ anreden. Dann kam meine Mutter ins Krankenhaus und ich wieder ins Kinderheim nach Himmelpfort.«

»Wieder?«

»Mit Dagmar war ich ein paar Jahre vorher schon mal im Heim. Da hat uns Mutter aber bald wieder abgeholt. Die Frauen dort waren nicht nett zu uns.

Einmal wurden wir gebadet, und dabei bekamen wir gleichzeitig die Haare gewaschen, und ich war die Letzte in der Reihe, und wahrscheinlich hatte die Wärterin deshalb keine Zeit mehr. Jedenfalls stieß sie meinen Kopf, der voller Schaum war, dermaßen unter Wasser, dass ich fast ertrunken wäre. Als ich wieder hochkam, schnappte ich nach Luft wie eine Flunder.«

»Wie lange blieben Sie in Himmelpfort?«

»Wann? Beim zweiten Mal? Etwa ein Jahr.«

»Dieser ›Onkel Franz‹, was war das für ein Mensch?« Richter Fuhrmann insistierte sanft.

»Wenn er betrunken war, und das war er fast jeden Tag, war er ekelhaft. Er schlug Muttern, zerkloppte Geschirr und was er gerade in die Hand bekam. Wenn er sich beruhigt hatte, ging er wieder runter in die Kneipe, um sich ›aufzufärben‹.«

»Er hat sich, wie man in Berlin sagt, die Welt schöngesoffen?«, fragte Fuhrmann, um sich das Wort zu erklären. »Aber wie war sein Verhältnis zu Ihnen?«

»Er brubbelte immer, dass ich zu viel koste. Wozu braucht die eine Schulmappe, meckerte er. Ich kann die Bücher auch unter den Arm klemmen, sagte er zu Muttern. Früher wäre man nur so zur Schule gegangen. Und warum ich nicht in Holzpantinen laufe und Schuhe brauche, die teuer sind. Und Kleider. Wozu? Mutter soll mir einen Sack überziehen, Löcher für den Kopf und die Arme schneiden und fertig. Wenn der Sack mir vom Leibe fallen würde, gibt es eben einen neuen.

Das ging sieben Jahre so. Dann kriegte er Tbc, und Mutter ließ sich scheiden, er zog aus. Sie hatte sich aber bei ihm angesteckt und musste auch ins Krankenhaus. In der Zeit war ich schon in der Lehre. So steckte man mich ins Lehrlingswohnheim. Als Mutter als geheilt entlassen wurde, kriegte sie eine neue Wohnung in der Bötzowstraße zugewiesen, und ich zog aus dem Heim zu ihr.«

»Bötzowstraße? Ist das am Arnswalder Platz?«

»Ja, genau. Aus unserer Wohnung im dritten Stock konnte man auf den Stierbrunnen schauen. Im ersten Stock wohnten Mielitzs. Die hatten fünf Kinder, eigentlich sechs. Aber das eine Kind war vorm Haus überfahren worden. Frau Mielitz kam oft zu meiner Mutter hoch zum Plauschen und Kaffeetrinken. Sie war eine Nette, und sie tat mir immer leid.«

»Warum?«

»Na weil sie mit den vielen Kindern und dem Mann so viel Arbeit hatte. Als sie von meiner Mutter hörte, dass ich im VEB Tadellos in der Lehre bin, sagte sie, da könne ich ihr doch beim Nähen und Plätten helfen. Als Erstes gab sie mir ein Hemd von ihrem Mann zum Stopfen und Bügeln. Das habe ich dann runtergebracht, und er gab mir dafür zwei Mark. Das hat mich sehr beeindruckt. Ich bin dann immer wieder zu Frau Mielitz runtergegangen und habe ihr im Haushalt geholfen.«

»War auch der Herr Mielitz da?«

Nein, sagte Karla Hülsch mit Nachdruck, sie sei nur nach unten gegangen, wenn er auf Arbeit gewesen sei. Nur einmal sei er dazu gekommen. Da habe er sich sehr gefreut und gleich Mutter, deren neuen Freund und auch sie zu einer Flasche Wein eingeladen.

»Waren Sie dafür nicht ein wenig zu jung?«

»Nein. Ich war gerade 16 geworden und hatte die Lehre beendet. Das war ja auch der Grund, weshalb Anton Mielitz meinte, dass wir feiern müssten. Friedel, seine Frau, trank aber nicht mit, sie war im neunten Monat. Als sie dann zur Entbindung ins Krankenhaus kam, habe ich den Haushalt gemacht und die Kinder versorgt. Und dann …« Sie kaute auf der Unterlippe.

»Dann kam es zum Verkehr?«

Stummes Nicken.

»Gegen Ihren Willen?«

»Nein, das nicht. Wir hatten etwas getrunken, als die Kinder im Bett waren, und da habe ich es auch gewollt.«

Fuhrmann schüttelte unmütig den Kopf. »Hatten Sie wenigstens so etwas wie ein schlechtes Gewissen gegenüber Frau Mielitz, die im Krankenhaus war? Hat diese es bemerkt?«

»Später schon. Deshalb hat sie Anton ja auch rausgeworfen. Er hat sich eine Wohnung suchen müssen. Die haben wir gemeinsam eingerichtet mit ein paar Möbeln. Ich ging dann nicht mehr zur Arbeit, kümmerte mich nur noch um ihn. Am Abend habe ich ihn immer im Lokal abgeholt, wo er kellnerte. Da wurde es oft spät, was natürlich meine Mutter mitbekam. Sie hat mich darum aus der Wohnung geworfen, oder genauer gesagt: Sie ließ mich nicht mehr rein. Sie rief durch die Tür: ›Scher dich dorthin, wo du gerade herkommst!‹«

»Sagen Sie jetzt bitte nicht: Anton Mielitz war die große Liebe Ihres Lebens. Der Mann ist 17 Jahre älter als Sie – er könnte Ihr Vater sein.« Fuhrmann stutzte und lauschte dem Satz nach.

»Ist er das: Vaterersatz?«

Karla Hülsch schaute ihn verständnislos an. Sie verstand wirklich nicht, was der Richter damit meinte. Der aber war sich bewusst, dass es wenig Sinn machte, dieser dicken Frau mit dem sehr schlichten Verstand erklären zu wollen, was er hinter dieser aberwitzigen Beziehung vermutete.

»Mutter ließ mich irgendwann von der Polizei aus Mielitzs Wohnung holen. Ich verbrachte die Nacht auf der Wache. Am nächsten Tag fuhren sie mich ins Krankenhaus.«

»Warum das? Waren Sie schwanger?«

»Nein. Ich hatte mich angesteckt.«

»Womit?«

»Ich hatte doch mit keinem anderen Mann Verkehr, es konnte also nur von Mielitz kommen.«

»Herrje, was denn nun?«

»Na, ich hatte Tripper.« Offenkundig war es ihr peinlich, das hier zu sagen.

Die Geschlechtskrankheit, so reimte sich der Richter zusammen, dürfte auf der Wache kaum aufgefallen sein. Vermutlich hatte die Mutter die Polizei alarmiert, weil ihre minderjährige Tochter ständig bei einem erwachsenen und zudem noch verheirateten Mann war, die Arbeit geschmissen hatte und sich auch sonst nichts mehr von ihr sagen ließ. Und die Polizei hatte sie zur Untersuchung vorgestellt. Dabei durfte der Gynäkologe, den Karla Hülsch bis dahin ganz gewiss noch nie aufgesucht hatte, die Gonorrhoe festgestellt haben.

»Drei Wochen behielten die mich im Krankenhaus. Danach brachten sie mich ins Durchgangsheim Alt Stralau, und von dort ging es zum Jugendwerkhof Schloss Voigtsberg in Oelsnitz. Da blieb ich neun Monate. Schließlich wurde die Einrichtung aufgelöst. Der Heimleiter fragte in Berlin an, ob man mich entlassen kann. In Berlin aber sagte man Nein. So kam ich in den Jugendwerkhof Antonshöhe im Erzgebirge. Von dort aus hat man mir eine Stelle im Berliner Glühlampenwerk besorgt. So konnte ich Ende März 1962 entlassen werden.«

»Wo sind Sie untergekommen, als sie nach Berlin zurückgekehrt sind?«

»Bei Mielitz. Meine Mutter ließ mich ja nicht über ihre Schwelle.«

»Und was war das für eine Tätigkeit, die man Ihnen besorgt hatte?«

»Beim BGW? Da habe ich nur kurze Zeit gearbeitet. Anton hat mich immer als Küchenhilfe untergebracht, wo er selber gerade arbeitete. Das war damals in der HOG ›Plänterwald‹. Später wechselte er in die ›Glanzecke‹, von dort ins ›Parkrestaurant‹ und schließlich zur HOG ›Treffpunkt‹, wo er jetzt noch ist.

Aber das ging nicht lange gut. Nach einem Jahr bin ich zum Jugendamt und bat um eine Wohnung. Die habe ich bekommen. In der Erich-Weinert-Straße. Gleich um die Ecke ist die Schönhauser.«

»Warum wollten Sie nach einem Jahr weg von Mielitz?«

»Es gab ständig Streit und Zank, und wenn er betrunken war, prügelte er mich oder wollte mit mir ins Bett. Und wenn ich das nicht wollte, schlug er noch mehr zu. Ich habe es nicht mehr ausgehalten.«

»Dann trennten sich also Ihre Wege?« Richter Fuhrmann hoffte nun endlich auf Licht am Ende des Tunnels und das Ende dieser Gefühls-Achterbahn. Allerdings irrte er, sie sollte noch Fahrt aufnehmen.

»Wo denken Sie hin. Er kam zu mir, in meine neue Wohnung! Und manchmal kamen auch ein oder zwei Kinder von ihm. Sie hingen ja an ihm, und mich mochten sie auch. Und die Erich-Weinert-Straße war nicht so weit weg von ihrer Wohnung in der Bötzowstraße. Da kamen sie eben rum.«

»Mit anderen Worten: Der Zustand wurde nicht besser, sondern schlimmer.«

»Kann man so sagen.«

»Warum warfen Sie ihn nicht einfach aus der Wohnung? Es war doch Ihre?«

»Wir waren verlobt.«

»Wie bitte? Mielitz war doch verheiratet.«

»Ja, aber er wollte sich von Friedel trennen.«

»Ihretwegen?«

Fuhrmann traf ein triumphierender Blick, der dem Richter völlig unangebracht schien. Aber vielleicht war es ja gerade dieses vage Eheversprechen, gepaart mit dem Vaterkomplex, das diese Frau nicht von dem offensichtlich gewalttätigen Mann loskommen ließ. Und gewiss spielte dabei auch die allgemeine Charakterschwäche und Antriebslosigkeit dieser vom Leben stark gezeichneten Frau eine Rolle.

»Irgendwann habe ich es aber wirklich nicht mehr ausgehalten. Wir zankten zu Hause, und auf Arbeit ging es weiter. Da habe ich als Küchenhilfe gekündigt und mir selber woanders eine Stelle als Reinigungskraft gesucht.«

»Aber er kam auch dann noch in Ihre Wohnung?«

»Ja, regelmäßig. Und er trank immer mehr. Dann brüllte er, schlug mich, vergewaltigte mich. Meist stritten wir ums Geld. Ich verdiente ihm zu wenig, würde ihm nur auf der Tasche liegen. Den Fernseher, den ich inzwischen auf Teilzahlung angeschafft hatte, zahlt er ab, hieß es dann immer, und so weiter. Im Suff schleppte er einmal den Fernseher in die Küche, knallte ihn auf den Tisch und sagte: ›Nimm den Kasten und sieh zu, dass du Land gewinnst.‹ Der kriegte schon gar nicht mehr mit, dass er nicht in *seiner*, sondern in *meiner* Wohnung war.

Im Sommer vorigen Jahres hat es dann richtig geknallt. Ich warf ihn raus. Er nahm den Fernseher mit und den Kaufvertrag. Es wäre sowieso seiner, sagte er, schließlich habe er die meisten Raten bezahlt, und von den etwa 200 Mark, die ich damals verdiente, würde ich sowieso die weiteren Raten nicht zahlen können. Mir war alles egal. Er zog in die Wohnung in der Fennstraße. Das war die von einem Arbeitskollegen, der zu seiner Freundin gezogen war. Der hatte ihm im Mai oder Juni 1967 die Wohnung überlassen.«

Der Richter atmete auf, er wähnte sich dem Ende der Geschichte nahe, denn noch immer waren sie nicht auf die eigentliche Sache zu sprechen gekommen, deretwegen er sie befragte. Er schielte unauffällig auf seine Armbanduhr. O Gott, war das schon spät, zu Hause wartete seine Frau gewiss mit dem Abendessen. Und den Haftbefehl musste er auch noch ausfertigen.

»Ich suchte mir Arbeit im TRO.«

»Das Transformatorenwerk in Oberschöneweide liegt nicht weit von der Fennstraße.«

»Ja, das war wohl ein Fehler. Ich bin nämlich oft von dort nach Schichtschluss in Mielitzs Wohnung, weil es kürzer war. Um bis nach Hause in die Erich-Weinert-Straße zu fahren, war ich mitunter zu faul. Aber bei Mielitz gab es nur das übliche Gezänk. So ging ich immer öfter nicht zur Arbeit, um zu vermeiden, anschließend aus Bequemlichkeit wieder zu Anton ins Bett zu kriechen. Ich blieb darum einfach zu Hause und ging nicht mehr arbeiten. Allerdings hatte ich bald kein Geld mehr zum Leben. Also fuhr ich doch wieder zu Anton.

Seit Februar dieses Jahres lebte auch ›Ali‹ bei ihm. Alfred war sein Junge. Mit dem verstand ich mich gut. Ich hatte ja schon vor Jahren für die Familie gesorgt und mich mit den Kindern angefreundet.

Wir haben Karten gespielt, Dame, Mensch-ärgere-dich-nicht und so was.

Mielitz verlangte, ich solle etwas zum Haushalt beisteuern, er mäste mich nicht kostenlos. Er sagte nicht etwa ›durchfüttern‹, sondern ›mästen‹. Der wusste genau, wie er mich verletzen konnte. Ich sagte, dass ich mein Portemonnaie auf Arbeit im TRO vergessen hätte, was natürlich gelogen war: Ich ging ja nicht arbeiten. Das wusste er aber nicht.

Am Dienstag dieser Woche, also vor drei Tagen, gab es wieder heftigen Streit, als ich ihn um Geld bat. Wenn ich was kochen soll, muss ich auch einkaufen, sagte ich. Er gab mir fünf Mark. Nach dem Essen, als er wieder damit anfing, knallte ich das Wechselgeld und die Wohnungsschlüssel auf den Tisch und sagte, dass ich jetzt für immer gehe.

Wir verließen zusammen die Wohnung. Das war so gegen halb drei. Unten, auf der Straße, sagte ich ihm, dass ich kein Geld mehr habe, um mir etwas zum Essen zu kaufen. Da drückte er mir eine Mark in die Hand und grinste: ›Teil's dir ein.‹ Dann trennten sich unsere Wege. Er ging zur Arbeit und ich zur S-Bahn. Ich hatte insgesamt nur noch 1,40 Mark. 20 Pfennige kostete der Fahrschein.

Zu Hause legte ich mich ins Bett. Am Mittwoch stand ich gegen 9 Uhr auf, kaufte mir ein paar Brötchen, las ein wenig und rauchte, dann gingen mir die Zigaretten aus. Ich wusste, dass Anton einige Schachteln im Schrank hatte. Außerdem war er auf Arbeit, und ›Ali‹ würde mich schon reinlassen.«

»Verstehe ich Sie richtig: Wegen der Zigaretten fuhren Sie den weiten Weg vom Prenzlauer Berg nach Schöneweide?« Karla Hülsch nickte. »Das verstehen Sie richtig. Sie rauchen wohl nicht?«

Richter Fuhrmann nickte. Aber er wusste, was Sucht mit Menschen anstellen konnte.

»Ali öffnete. Er freute sich sehr, als er mich an der Tür sah. Wir haben dann etwa zweieinhalb Stunden in die Röhre geschaut. Erst ein Musketierfilm und dann die Rumpelkammer mit Willi Schwabe. Dann ist Ali ins Bett gegangen. Er hat sich ausgezogen und den Schlafanzug angezogen und Gute Nacht gesagt.«

»Aber waren Sie nicht wegen der Zigaretten gekommen? Das spielte offenbar keine Rolle mehr.«

»Doch. Aber ich konnte nicht vor dem Jungen die Zigaretten klauen, der hätte mich doch verraten. Also musste ich warten, bis er eingeschlafen war. Ich habe umgeschaltet und dann noch ein bisschen Westfernsehn gesehen. Dort lief ›Das Fernsehgericht‹. Es ging um irgendeinen Ladendiebstahl. Die Frau aber war doof, sie hatte so viele Spuren hinterlassen, dass man sie leicht überführen konnte. So blöd wäre ich nie gewesen, das können Sie wissen.

Ich wusste, wo die Zigaretten in dem verschlossenen Schrank lagen, hinter der linken Tür. Als ich noch in der Wohnung lebte, habe ich mir hin und wieder mal eine Zigarette genehmigt.

Als der Junge endlich schlief, habe ich mit dem Schlüssel, den ich von zu Hause mitgebracht hatte, die Tür geöffnet. Ich wusste nämlich, dass dieser Schlüssel passte. Da lagen vier Schachteln. Die habe ich in meine Handtasche gesteckt und die Schranktür wieder verschlossen. Dann suchte ich den Schuldschein, auf dem Mielitz immer die Beträge aufschrieb, wenn er mir Geld gegeben hatte. Der lag auch im Schrank. Und eine Kamera. Die steckte ich auch ein. Im Wäschefach fand ich noch eine Flasche Parfüm und einen Stapel Herrentaschentücher …«

Das ließ Karla Hülsch aus Mielitz' Wohnung mitgehen. Es wurde bei der Hausdurchsuchung sichergestellt

»Wollten Sie nicht nur Zigaretten? Warum haben Sie das alles eingesteckt? Man fand in Ihrer Wohnung auch noch eine Taschenlampe und eine Kindersonnenbrille, die ebenfalls aus Mielitzs Wohnung stammte. Warum?«

»Weiß nicht. Um mich an Anton zu rächen?«

»Wofür? Für die jahrelangen Demütigungen? Für die Schläge? Da konnten Sie mit Recht wütend sein, da pflichte ich Ihnen bei. Aber was ist der Diebstahl von ein paar Taschentüchern für eine *Rache*? Das ist doch albern.«

»Ich weiß auch nicht. Ich habe eben alles eingesteckt, habe den Fernseher ausgeschaltet und wollte schon gehen. Aber dann dachte ich mir, ich sollte besser die Spuren verwischen. Ich war doch nicht so doof wie die Frau in dieser Gerichtssendung.«

»Was für Spuren?«

»Na, Mielitz hätte doch bestimmt gemerkt, dass ihm was fehlte.«

»Was haben Sie also gemacht?«

»Na, Spuren beseitigt. Ich habe Feuer im Wohnzimmerschrank gelegt. Im zweiten Fach lagen einige weiße Hemden von Mielitz und ein paar Strümpfe. Ich habe die Streichhölzer vom Nachttisch genommen und Socken angezündet. Aber die brannten nicht. Nur die aus Silastik brannten gleich. Danach habe ich im Schrank des Jungen die Bänder von einer Latzhose angezündet. Weil die aber nicht so richtig brannten, habe ich aus der Kammer die Flasche mit flüssigem weißen Bohnerwachs geholt, da war noch eine Handbreit drin. Bohnerwachs, das weiß ich, brennt ganz schön. Ich goss das Bohnerwachs in die Wäschefächer des Kleiderschrankes, über den kleinen Tisch, die Couch, die Sessel und auch das Bett, in dem der Junge lag.

Der aber war durch mein Getue wach geworden und richtete sich kurz im Halbschlaf auf. Er legte sich aber gleich wieder auf die Seite und nuckelte weiter am Daumen.

Allerdings hatte er mich gesehen. Er konnte mich an seinen Vater verraten. Also ging ich wieder in die Kammer in der Küche. Dort lag im zweiten Fach ein Hammer. Ich holte ihn und schlug damit zweimal auf den Kopf von dem Jungen. Er stöhnte nur kurz, behielt aber den Daumen im Mund.

Danach ging ich mit dem Hammer in die Küche und spülte das Blut unter der Wasserleitung ab. Anschließend trocknete ich ihn mit dem Geschirrtuch ab und legte ihn wieder ins Fach zurück. Ich nahm meine Tasche, löschte das Licht in der Küche und verließ die Wohnung. Im Treppenflur machte ich kein Licht, mich sollte niemand sehen.«

Der Richter schüttelte konsterniert den Kopf ob

der Gefühllosigkeit, gepaart mit unendlicher Dummheit. Konnte diese Frau überhaupt ermessen, was sie da angerichtet hatte, war sie – mit Verlaub – zurechnungsfähig und für ihr Handeln verantwortlich? Er notierte auf einen Zettel: Unbedingt Gutachten über Schuldfähigkeit einholen!

»Ich bin dann vor zur Schnellerstraße, habe meine Tasche auf eine Bank gestellt und im Stehen eine Zigarette geraucht.«

»Von den gestohlenen Zigaretten?«

»Andere hatte ich ja nicht.«

»Wie spät ist es da gewesen?«

»Keine Ahnung. Habe doch keine Uhr. Aber ich denke, es wird so gegen halb zwölf gewesen sein. – Nachdem ich aufgeraucht hatte, bin ich noch mal zurück. Das Nachbargrundstück ist ja unbebaut, wissen Sie. Von dort sieht man den Seitenflügel. Ich habe hinter Antons Fenstern Licht, also Feuer, flackern sehen und beschlossen, noch mal in die Wohnung zu schauen.«

»Warum?«

Karla Hülsch zuckte mit der Achsel. »Ich bin jedenfalls noch mal hoch, habe mit meiner gebogenen Stricknadel, die ich immer als Dietrich benutze, die Wohnungstür geöffnet. Der Flur war schon voller Qualm. Ich lief in die Küche, machte ein Frottiertuch nass und nahm es vor den Mund. – Das hatte ich mal in einem Film gesehen, dass man das so macht. – Ich öffnete die Toilettentür, so dass der Rauch abziehen konnte. Aber ich hielt es nicht mehr aus, deshalb bin ich aus der Wohnung raus, mit dem Handtuch. Das habe ich noch zu Hause. Von dort bin ich dann sofort zur S-Bahn und stieg in Treptower Park 0.31 Uhr in den Zug nach Blankenburg. Vom Bahnhof Schönhauser Allee lief ich nach Hause und legte mich schlafen. Naja, und den Rest kennen Sie ja.«

»Was haben Sie am Mittwoch, also vorgestern, für Sachen angehabt?«

»Dasselbe, was ich jetzt trage: diese lila-violettfarbene großgeblümte Bluse und den schwarzen Rock. Die Klamotten stinken jetzt noch nach Rauch. Riechen Sie mal!«

Richter Fuhrmann wich zurück, als die Frau ihren rechten Arm über den Schreibtisch schwenkte und ihm den Ärmel unter seine Nase halten wollte. Auch Frau Regner hob irritiert den Blick von ihrem Notizblock.

»Ich denke, wir sollten Schluss machen«, sagte der Richter. »Ich lasse Sie jetzt wieder in die Zelle bringen. Die Herren von der K werden in den nächsten Tagen noch weitere Fragen an Sie haben. Auf Wiedersehen.«

Richter Fuhrmann hat keine Probleme damit, ihr die Hand zu geben. Es war nicht sein erster Mörder, wengleich die erste Mörderin, für die er nun den Haftbefehl ausstellte.

*

Am Montag tritt die MUK zu ihrer morgendlichen Beratung zusammen. Chef Hase, Major der K, liegt inzwischen sowohl der Branduntersuchungsbericht als auch das erste Vernehmungsprotokoll von Karla Hülsch vor. Beide Papiere waren noch am 25. April ausgefertigt worden.

Hauptmann der K Wokeck sitzt mit am Tisch. Der siebenseitige »Tatortbefundsbericht« trägt seine Unterschrift. Major Hase fordert ihn auf, den Inhalt kurz wiederzugeben.

Natürlich ist in diesem Fall alles klar und eindeutig, dennoch erfordert es die Ermittlungsarbeit, alles zusammenzutragen, was von Relevanz ist. Notfalls auch, um einen Täter, der sich selbst beschuldigt, zu entlasten. Es kommt nämlich vor, dass sich jemand zu einer Tat bekennt, die er nicht begangen hat. Eitelkeit, Geltungssucht, Wichtigtuerei haben schon manchmal die Ermittler und Richter hinters Licht geführt. In diesem Mordfall jedoch sind die Sachverhalte eindeutig, innerhalb eines Tages waren die Umstände aufgeklärt, die Täterin geständig.

Wokecks Tatortbefundsbericht ist plastisch und detalliert, gleichsam eine Kamerafahrt ohne Kamera, aber in der üblichen Beamtenprosa: »Nachdem man durch die Wohnungstüröffnung getreten ist, gelangt man offensichtlich in den Flur oder Korridor. Er ist ca. 3,30 m lang und 1,20 m breit bei einer ungefähren Höhe aller Räume der Wohnung von 3,00 m. Rechts hinter der geöffneten Wohnungstür befindet sich der elektrische Zähler und darüber der Gasometer. Die Absicherung der elektrischen Installation erfolgte über zwei Sicherungsautomaten, die in Funktion getreten sind, d. h. die Knöpfe der Automaten befinden sich in ausgetretenem Zustand. Der Hebel des Hauptgashahns befindet sich in geöffneter Stellung.«

Wokeck hebt den Blick vom Blatt. »Genossen, ihr könnt euch vorstellen, was es bedeutet hätte, wenn es richtig gebrannt hätte? Wir sind wirklich an einer Katastrophe vorbeigeschrammt.«

Dann wendet er sich erneut dem Papier zu. Akribisch werden die Räume, das Mobilar und deren Zustand beschrieben, wie man sie am Donnerstagmorgen um 6.30 Uhr vorfand. »In der Bratröhre befindet sich eine Bratpfanne, auf der Reste einer gelblichen Substanz sind. Es können Reste eines gebratenen Eies sein.« Das ist preußische Gründlichkeit. Sie übersieht selbst das nebensächlichste Detail nicht.

Nachdem Küche, Speisekammer und Bad einer mehr als genauen Inspektionen unterworfen wurden (»Das Toilettenbecken befindet sich ca. 1,20 m von der Tür entfernt und in ihm ist nichts Besonderes feststellbar«), wendet sich Wokeck dem Wohn- und Schlafraum zu, den er als den »eigentlichen Brand- bzw. Tatraum« charakterisiert.

»Hier sind an verschiedenen Stellen Brandherde feststellbar, wie sie unabhängig voneinander entstanden sind und wie sie im Einzelnen durch den Brandursachenermittler der Abteilung Feuerwehr eingeschätzt werden müssen. Ferner sind Spuren in dem einzigen Bett des Raumes feststellbar, die darauf schließen lassen, dass es Blut von der darin zuletzt vorgefundenen Person ist und diese Person einer Gewalteinwirkung ausgesetzt war.«

Sodann trägt der Hauptmann der K wieder die verschiedenen Details vor, selbst dass der Kanalschalter des Fernsehgerätes auf 7 stand – das war bekanntlich der Kanal des Westfernsehens.

Wokeck endet schließlich mit der Feststellung: »Offensichtlich gibt es ca. 5 Brandherde in diesem Raum, die miteinander nicht in Verbindung zu bringen sind, d. h. sie müssen unabhängig voneinander in Szene gesetzt worden sein. Eine präzise Einschätzung dazu muss durch die Kriminaltechniker und den Brandursachenermittler der Abt. F erfolgen.

Die Brandortbesichtigung bzw. Tatortbesichtigung erfolgte am 25.04.68 bis gegen 11.00 Uhr. Die Freigabe hat weisungsgemäß durch den Kriminaltechni-

Blick ins Wohnzimmer vom Flur aus. Pfeil 1 weist auf das Bett, in dem der tote Junge lag, Pfeil 2 auf die Brandstelle im Schrank

ker Leutnant der K Raskin zu erfolgen. Bei unserem Eintreffen war der Tatort bereits durch den Kriminaltechniker der MUK, Leutnant der K Raskin, gesichert und die im Bett vorgefundene Person ins Krankenhaus gebracht worden.«

Wokeck schlägt die Mappe zu. »Ausführungen beendet, Genosse Major«, sagt er in Richtung des MUK-Leiters und setzt sich.

»Genosse Kraft, wollen Sie noch etwas zur ersten Vernehmung der Beschuldigten am Donnerstagabend sagen?«

Der Oberleutnant aus Treptow erhebt sich. Man habe zu dritt Karla Hülsch rund vier Stunden vernommen. Die Beschuldigte ist seit mehr als zwei Monaten nicht mehr zur Arbeit gegangen. Deshalb hatte sie für Mittwoch, den 24. April, auch eine Vorladung der Konfliktkommission erhalten. Es sei im Übrigen nicht ihre erste gewesen. Im November des vorigen Jahres war ihr schon einmal ein Strenger Verweis erteilt worden, nachdem sie erst im August als Spulenwicklerin eingestellt worden war. Anfänglich sei sie pünktlich zur Arbeit gekommen, dann habe sie zu bummeln begonnen, sei wiederholt angetrunken zur Schicht erschienen und schlafend am Arbeitsplatz angetroffen worden. Nach dem Verweis meldete sie sich krank. Die Krankschreibung ging bis zum 27. Dezember. Diesen Krankenschein frisierte sie, aus der 27 machte sie eine 30.

»Die Urkundenfälschung war von der Krankenversicherung der VP-Inspektion gemeldet worden, wir gaben den Sachverhalt an die Konfliktkommission des

Seitenflügel, Hinterhaus, dritte Etage: Wohnung Mielitz unterm Dach (die Fenster mit Kasten markiert)

VEB Transformatorenwerk weiter, damit man sich im Betrieb mit Karla Hülsch auseinandersetzte.«

Bereits in der ersten Januarwoche war die übliche Aussprache erfolgt. Dennoch blieb Karla Hülsch vom 3. bis 15. Januar neuerlich der Arbeit fern. Unentschuldigt. Danach habe sie unregelmäßig und seit dem 27. Februar überhaupt nicht mehr gearbeitet. Es folgten, so Kraft, mehrere Vorladungen der Konfliktkommission. Sie schwänzte alle Termine. Auch am Mittwoch.

»Warum?«, will einer aus der Runde wissen. »Was sagt sie selber dazu?«

»Sie habe sich geschämt.«

»Und was wird nun?«

»Ich vermute mal, dass sie jetzt fristlos vom TRO entlassen wird. Soweit ich informiert bin, war der Mittwochtermin ihre letzte Chance. Diese hat sie nicht wahrgenommen, wie wir wissen.«

Die Offiziere der MUK nicken. Es ist schon er-

Der Seitenflügel nach der Sanierung, heute vierte Etage, Aufnahme 2013

staunlich, wie lange sich Betriebe hierzulande auf der Nase herumtanzen lassen. Die Langmut mancher staatlicher Leiter scheint unendlich, die Nachsicht grenzenlos. In anderen Teilen der Welt fänden Bummelanten wie Karla Hülsch nicht annähernd die gleiche Aufmerksamkeit. Sie wären schon längst aussortiert und gefeuert worden.

Wovon habe sie überhaupt gelebt?

Oberleutnant Kraft zuckt mit der Schulter. »Das müssen wir herausbekommen. Wir werden sie noch mehrmals vernehmen, ihr Umfeld abgrasen, mit ehemaligen Kollegen und ihren Verwandten sprechen, also die übliche Tippeltappeltour. Ihr kennt das.«

*

Am 13. Mai wird Karla Hülsch von Oberleutnant der K Rudolf Kaiser erneut vernommen. Die Frau befindet sich inzwischen in der Barnimstraße, der Strafvollzugsanstalt Berlin II. Das alte Frauengefängnis, in welchem 1915/16 schon Rosa Luxemburg einsaß, sollte 1974 abgerissen werden.

Es ist 8.30 Uhr, als Kaiser sein Tonbandgerät anschaltet. Nach vier Stunden gibt es eine dreißigminütige Pause, danach befragt er sie noch einmal eine Stunde lang.

Zwei Tage später erscheint er noch einmal, diesmal in Begleitung seines Kollegen Kraft. Die Vernehmung in der Untersuchungshaftanstalt geht von 9 bis 15.30 Uhr, unterbrochen einzig von der Mittagspause.

An jenem Tag übergibt Karla Hülsch den beiden Offizieren der K einen handschriftlichen Lebenslauf, am Tage darauf schreibt sie erneut. Die beiden Seiten hat sie mit »Geständnis« überschrieben. Dort wiederholt sie in komprimierter Form, was sie bereits in den Vernehmungen zu Protokoll gab und mit Unterschrift quittierte. Ihr »Geständnis« endet so: »Mir wäre es lieber, wenn das in irgendeinen Roman stehen würde. Das werde ich nie vergessen.«

Kein Wort des Bedauerns, der Reue, der Betroffenheit. Dazu ist sie nicht fähig. Das merken auch ihre Vernehmer. Sie ist unfähig zur Selbstreflexion, nicht in der Lage, sich in andere Menschen zu versetzen oder deren Gefühle zu erkennen, was die Fachleute als Empathie bezeichnen. Emotionen kennt sie kaum. Sie erzählt von dem Schmerz, den sie einmal empfand, als sie ein Jahr im Heim in Himmelpfort war. Sie hatte Tischdienst und trug leere Teller eine Treppe hinauf. »Ich fiel dabei hin und verletzte mich am rechten kleinen Finger. Ich habe heute dort noch eine kleine Narbe.«

Das rührt sie offenkundig mehr an als die Schläge mit dem Hammer auf den Kopf eines 13-jährigen Jungen. »Er konnte mich gut leiden. Er hatte volles Vertrauen zu mir«, beschreibt sie gegenüber Oberleutnant Kaiser ihr Verhältnis zu Alfred »Ali« Mielitz.

Der Oberleutnant fragt sie in diesem Zusammenhang auch nach ihrem Verhältnis zu Tieren. »Ich möchte sagen, dass ich eigentlich tierlieb bin. Ich habe schon immer den Wunsch gehabt, einen Hund zu besitzen. Besonders wollte ich einen Schäferhund haben. Mir gefallen Tiere im Allgemeinen.«

Kaiser legt nach, will wissen, ob sie Tieren etwas antun oder sie gar schlachten könnte, was sie strikt verneint. Warum? »Weiß ich nicht, ich habe es noch nie probiert. Naja, Fliegen und Mücken mache ich schon mal tot. Ich klatsche dann einfach so drauf. Ich habe noch nie ein Tier gequält, ich könnte das nicht.«

Auf seine Frage, ob sie jemals krank war oder ob sie Unfälle gehabt habe, antwortet sie, dass sie sich an Krankheiten nicht erinnern könne, auch nicht an Unfälle oder dergleichen. »Nur das damals mit meinem Finger in Himmelpfort, und einmal hätte ich

Präsidium der Volkspolizei Berlin, den 21. o5. 1968
B e r l i n -/A.
Abteilung K – Dezernat II

A b s c h r i f t

Berlin, den 16. Mai 1968

Geständnis

Am Abend des 24. April 1968 fuhr ich mit der S-Bahn von der Schönhauser Allee nach Schöneweide. Dann ging ich zur Wohnung von Herr M in der Fennstr. und Klingelte. Der Junge, 13 Jährig, öffnete mir die Tür. Er fragte mich warum ich Gester nicht gekommen wäre worauf ich ihm keine Antwort gab. Ich fragte ihn, was sein Vater gesagt hatte als ich Gestern nicht kam. Er sagte "Gar nichts, " Der Junge legte sich auf die Couch und wir schauten uns gemeinsam die " Abenteuer der Musketiere", und die "Rumpelkammer", mit Willi Schwabe an. Nachdem die "Rumpelkammer" beendet war, zog sich der Junge seinen Schlafanzug an und ging ins Bett. Ich schaltete den Westkanal ein. Es wurde der 2. Verhandlungstag vom " Das Fernsehgericht tagt " , gezeigt. Es handelte sich um einen Warenhausdiebstahl. Nachdem der Junge eingeschlafen war, ging ich an den Wohnzimmerschrank und schloß die abgeschlossene linke Seite vom Schrank auf. und holte aus dem Schubfach, wo Zigaretten drin lagen, aus einer angefangenen Schachtel eine Zigarette und rauchte diese. Während der Zeit lief das"Fernsehgericht", weiter und ich schaute zu. Die Frau, die Angeklagte, kam mir mächtig dof vor. Ich ging erneut an den Wohnzimmerschrank und holte mir die ganze angefangene Schachtel heraus. Es waren viele Zeugen vorhanden die ihr alles was Sie sagte widerlegten. Ich war der Meinung das ich das besser gemacht hätte. Und so kam ich auf die Idee noch mehr mitzunehmen. Ich holte noch drei Schachteln Zigaretten, zwei Tafeln Schokolade, meinen bzw. seinen Verlobungsring,

-2-

Geständnis von Karla Hülsch, Abschrift

mir beinahe den Daumen mit einer Wurstmaschine abgeschnitten.«

Wie sie sich selbst charakterlich einschätze?

»Ich glaube, ich bin labil. Ich weiß manchmal nicht richtig, was ich will. Ich habe mir schon so oft

- 2 -

1 Fotoapparat Werra Lux mit Belichtungsmesser. und einen Schuldschein von mir, aus dem verschlossenen Teil des Schrankes. Dann ging ich an die andere Seite des Schrankes, wo ich einen Stapel Herrentaschentücher entwendete. Daraufhin ging ich zum Kleiderschrank, wo ich eine Flasche "Merci ", Einkaufsnetz, silastik, und eine kleine Tischdecke. Von der Komode nahm ich eine Sonnenbrille- Dieses Zeug packte ich alles in meine Tasche und brachte diese in die Küche. Dann ging ich wieder in die Wohnstube und legte im öffenen Teil des Wohnzimmerschrankes Feuer. Das selbe machte ich in der Komode. Ich machte den Fernseher aus. Da sah ich wie sich der Junge im Bett hochrichtete, den Daumen im Mund und sich auf die andere Seite legte. Ich lief in die Küche, holte aus der Kammer den Hammer ging in die Stube zurück und schlug mit dem Viereck vom Hammer zweimal auf die rechte Kopfseite des Kindes. Danach ging ich in die Küche und spülte den Hammer unter dem Ausguss mit Wasser ab. Dann nahm ich das Handtuch was an der Kammertür hing und trocknete den Hammer da mit ab und legte ihn wieder dort hin wo ich ihn her hatte. Dann nahm ich die Flasche Bohnerwachs, ging zurück in die Stube und begoss die Couch, die Sessel, den Tisch und in den Kleiderschrank im Wäschefach. Dann versuchte ich die Couch an zwei Stellen anzustecken, was mir nicht gelang so schmiß ich ein brennendes Streichholz darauf. Im Kleiderschrank ebenfalls ein Streichholz im zweiten Fach von oben. Dann warf ich noch ein brennendes Holz auf's Bett. Danach verließ ich die Stube. Es brannte der Wohnzimmerschrank und die Komode, ob mehr brannte habe ich nicht gesehen. Dann ging ich in die Küche wo ich noch die Stabtaschenlampe nahm und ebenfalls in meine Tasche steckte. Ich verließ die Wohnung. Ich ging nach einer weile wieder hoch in die Wohnung und offnete die Toilettentür und ging wieder hinunter. Nach einer Weile ging ich wieder nach oben und kämpfte mich zur Küche wo ich ein Handtuch nass machte und mir vor den Mund hielt und ging wieder zur Toilettentür und schloß diese wieder. Dann verließ ich die Wohnung. Ging zum Bahnhof und fuhr nach Hause. Mir wäre es lieber wenn das in irgend einen Roman stehen würde. Das werde ich nie Vergessen.

F.d.R.d.A. K H
(D.Awe) Oberwachtmeister d. VP

vorgenommen, nicht mehr zu Mielitz zu gehen, und dann bin ich doch wieder hingegangen. Genauso mit der Arbeit. Ich nahm mir ständig vor zu arbeiten, und dann ging ich wieder nicht. Ich finde auch zu anderen Personen sehr schwer Kontakt. Es fällt mir schwer, mich auszusprechen. Ich habe in meinem Leben auch noch nie jemanden gefunden, mit dem ich mich richtig ausgesprochen habe. Ich kann nicht so gut reden und habe mir immer eingebildet, dass andere dann über mich lachen, wenn ich ihnen was erzähle. Vielleicht liegt das auch daran, dass ich schon in der Schule gehänselt wurde, weil ich so pummlig war. Ich wurde deswegen oft ausgelacht. Das war auch im Jugendwerkhof so. Ich habe deshalb auch nie Anschluss an andere Jugendliche gesucht.«

Aber an verheiratete Männer wie Mielitz?

»Unser Zusammenleben war grauenhaft. Vorher hatte er seine schlechte Laune an seiner Frau ausgelassen, nun an mir. Es gab oft Prügel. Immer wenn er nachts betrunken nach Hause kam. Er verlangte dann meist, dass ich aufstehe und ihm etwas zu essen mache. Dann wollte er im angetrunkenen Zustand oft den Geschlechtsverkehr mit mir, und ich wollte das nicht. Dann schlug er mit Händen und Fäusten auf mich ein. Ich habe mich nicht gewehrt, ich bin doch nicht lebensmüde.«

Und ihre Vorstellungen von Glück?

»Ich denke mir, dass man eine Arbeit haben muss, die einem Freude macht, dass man gern arbeitet, dass man Freunde und Bekannte hat, mit denen man sich auch über jeden Blödsinn unterhalten kann. Dass man später verheiratet ist und eine glückliche Ehe führt.«

Das klingt vernünftig und normal, Karla Hülsch hat offensichtlich klare Vorstellungen vom Glück, denkt Kaiser. Aber sie sie ist nicht in der Lage, diese auch zu verwirklichen. Der Oberleutnant schwankt zwischen Bedauern und Unverständnis, zwischen Mitleid und kopfschüttelnder Verurteilung. Selten, dass er sich derart im Zwiespalt befindet.

Er fragt sie auch, weshalb sie einen Menschen, den sie mag und der auch sie mag, mit einem Hammer erschlägt, obgleich sie nicht einmal, wie sie erklärt, ein Tier töten könnte. Darauf antwortet Karla Hülsch ohne sichtliche Gefühlsregung: »Ich wollte, dass der Junge stirbt, denn er sollte nicht gegen mich aussagen können. Aus demselben Grund habe ich ja auch den Brand gelegt.«

Nach dieser Auskunft heißt es im Protokoll lakonisch: »An dieser Stelle wurde die Vernehmung um 12.00 Uhr zur Mittagspause der Beschuldigten unterbrochen. Die Vernehmung wird um 13.00 Uhr fortgesetzt.«

Rudolf Kaiser jedenfalls hat keinen Appetit. Er geht auf den Gang und raucht. Dann läuft er den Flur auf und ab und überlegt sich die nächsten Fragen. Da ist auch noch der Komplex Moschner. Inzwischen haben die Nachforschungen der Kriminalpolizei nämlich ergeben, dass sie auch ihre Nachbarin bestohlen hat.

Während er auf und ab geht, lässt er noch einmal ihre Aussagen durch seinen Kopf wandern. Sie hatte doch tatsächlich an einer Stelle erklärt, dass sie in Mielitzs Wohnung zurückgekehrt sei, um die Toilettentür zu öffnen, damit der Rauch abzöge. »Ich wollte nicht, dass der Junge, falls er noch lebt, erstickt.« Das war unlogisch.

Als die Stunde vorüber ist, bringt ein Mann in Uniform die Beschuldigte zurück. Kaum dass sie im

Vernehmerzimmer Platz genommen hat, fragt sie schüchtern, ob sie eine Zigarette haben könne. Kaiser reicht ihr die Schachtel, nachdem er eine Kippe herausgeschnippt hat. Dann gibt er der dicken Frau Feuer. Sie inhaliert tief.

»Können wir?«

Sie nickt. Der Oberleutnant schaltet das Tonbandgerät an.

»Frau Hülsch, Sie sagten aus, dass Sie den Jungen mit dem Hammer erschlugen, um ihn als Zeugen auszuschalten. Kurz vor der Pause führten sie jedoch aus, dass Sie später noch einmal in der Wohnung waren und dafür gesorgt haben wollen, dass der Rauch abzöge, damit der Junge nicht erstickt. Das ist doch ein Widerspruch. Meinen Sie nicht?«

Nach einer Weile – augenscheinlich braucht sie einige Zeit, um den geschilderten Sachverhalt zu begreifen – reagiert sie mit einer verblüffenden Aussage: »Es hat mir schon alles leidgetan.«

Oberleutnant Kaiser drängt es nachzufragen, wie sie das meine, doch er ahnt, dass er sie damit überfordern würde. Tat sie sich selbst leid, tat ihr der Junge leid? Wenn ja, warum? Sie hatte ihn schließlich erschlagen.

»Wenn Ihnen ›schon alles leidtat‹: Warum haben Sie dann keine Hilfe geholt, die Feuerwehr benachrichtigt? Stattdessen sind Sie mit der Bahn nach Hause gefahren und haben sich ins Bett gelegt.«

Sie habe deshalb keine Hilfe geholt, weil sie »Angst vor der Strafe« hatte. Und sie habe, das müsse der Herr Oberleutnant ihr wirklich glauben, deshalb auch kein Auge zugekriegt. Erst später sei sie eingeschlafen.

Und warum habe sie kein Auge zubekommen, fragt Kaiser nach.

»Mir ist das alles durch den Kopf gegangen. Es tat mir nicht nur leid, sondern ich hatte den Wunsch, alles wieder rückgängig zu machen. Der Junge hatte doch noch gar nichts von seinem Leben. Ich hätte so etwas nie tun dürfen. Es war alles meine eigene Schuld. Es hat damit begonnen, dass ich nicht richtig arbeiten ging, dann habe ich die Diebstähle bei Frau Moschner begangen, um wieder zu Geld zu kommen, und dann kam es, eben das Schlimmste, dass ich den Jungen wegen ein paar Zigaretten getötet habe. Ich weiß, dass ich dafür bestraft werden muss. Ich will jedoch versuchen, durch meinen weiteren Lebensweg zu beweisen, dass ich meine Fehler eingesehen habe und durch meine gute Führung und Arbeit wieder ein ordentlicher Mensch werde. Ich habe eben alles falsch gemacht und hoffe, dass ich nun doch noch den richtigen Weg finde.«

Oberleutnant Kaiser lässt nicht erkennen, was er denkt. Diese konfuse Selbstanklage: Ist es nicht doch nur Selbstmitleid? Wie soll er darauf reagieren? Soll er die junge Frau ermutigen und sagen: Alles wird gut? Das ist doch Blödsinn. Die 6.200 Mark Schadenersatz, die inzwischen Anton Mielitz fordert, wird sie gewiss abstottern können. Aber davon wird der Junge nicht wieder lebendig.

»Sagen Sie, warum haben Sie auch die Bohnerwachsflasche mit nach Hause genommen, die war doch leer?«

»Ich war so konfus und wusste nicht, wo ich sie lassen sollte.«

Schließlich schildert sie noch, von Kaiser dazu befragt, die Einbrüche bei ihrer Nachbarin. Immer wenn Frau Moschner, die Rentnerin im Parterre, das Haus verließ, und das sah sie von ihrem Fenster, schlich Karla Hülsch mit ihrer gebogenen Stricknadel nach unten und öffnete die Wohnungstür. Das war im Januar drei oder vier Mal. »Ich hatte ja kein Geld, weil ich nicht arbeiten ging.« Einmal fand sie zwanzig Mark, ein anderes Mal entnahm sie dem Portemonnaie, das sie in der Küche fand, dreißig Mark. Einmal stahl sie gar fünfzig Mark. »Ich sage das hier nur deshalb, damit man auch sieht, dass ich meine Handlungen eingesehen habe und nunmehr versuchen will, soweit es geht, alles wiedergutzumachen.«

Kaiser schüttelt den Kopf, das geht über seinen Verstand. Er schaltet das Tonbandgerät aus. »Wir machen für heute Schluss. Sie bekommen die Abschrift und zeichnen dann jede Seite ab, wenn alles seine Richtigkeit hat.«

*

Ende Mai, vier Wochen nach dem Verbrechen, ist alles lückenlos erfasst und dokumentiert. Oberleutnant der K Rudolf Kaiser formuliert am 28. Mai 1968 den Schlussbericht für die Generalstaatsanwaltschaft von Groß-Berlin. Dieser umfasst 236 Blatt, die ordentlich durchnummeriert und sortiert sind. Das Konvolut enthält eigene Einlassungen der Beschuldigten, das Protokoll der richterlichen Vernehmung, das handschriftliche Geständnis, die Vernehmungen der Zeugen Mielitz, Polze und Hagedorn, den Tatortbefund mit einer Bildmappe, die Gutachten des Gerichtsmedizinischen Instituts, der Brandursachenermittler und der Gerichtstechnik sowie den Auswertungsbericht der Kriminaltechniker. Die Textsammlung für den Staatsanwalt enthält auch die Beschlagnahmeprotokolle. Und es gibt darin die Dokumente zum zweiten Komplex: die Einbruchdiebstähle bei Frau Kora Moschner. Auch dazu war ein halbes Dutzend Zeugen befragt und im Wohngebiet entlang der Erich-Weinert-Straße ermittelt worden, was hier ebenfalls dokumentiert ist. Beigefügt sind ferner die Beurteilung des letzten Betriebes und Hülschs sogenannte Jugendakte, die seinerzeit im Jugendwerkhof angelegt wurde.

Oberleutnant Kaiser interpretiert abschließend die Papiere und seine eigenen Feststellungen. Karla Hülsch habe »wenig Mutterliebe« erhalten und ein »ordentliches Familienleben« nie kennengelernt. »Sie sah überwiegend Streit und Tätlichkeiten zwischen Ehepartnern.« Er empfehle zudem unbedingt die Begutachtung durch einen Psychiater.

Am 30. Juli erhebt nach Prüfung der Unterlagen Staatsanwalt Miltz Klage gegen die 24-jährige Karla Hülsch. Laut Strafregisterauszug, so vermerkt er zur Person, gilt sie als »nicht vorbestraft«. So korrekt und gründlich hat die Amnestie von 1972 gewirkt.

Die Klage umfasst, wie nicht anders zu erwarten, zwei Komplexe. Da sind zum einen der Mord in Tateinheit mit der Brandstiftung, wodurch »eine Gemeingefahr herbeigeführt« worden sei, und die Entwendung von vier Schachteln Zigaretten, einem Fotoapparat (»mit Tasche und Belichtungsmesser«), 17 Herrentaschentüchern, zwei Tafeln Schokolade, einem Tischtuch, einer Flasche Parfüm, einem roten Perloneinkaufsnetz und einer Kindersonnenbrille.

Und da sind zum anderen die drei Einbrüche bei Kora Moschner im Januar/Februar 1968, bei denen Karla Hülsch 100 Mark entwendet haben soll.

Miltz fügt der Klage noch den Antrag bei, dass das Stadtgericht »die Fortdauer der U-Haft« beschließen möge, und begründet dies mit »der Schwere der Tat«. Und er wünscht eine Entscheidung über die Schadenersatzanträge von Anton Mielitz, der Kommunalen Wohnungsverwaltung (KWV) sowie von Kora Moschner.

Der Strafsenat 2a des Stadtgerichts fasst am 8. August einen entsprechenden Beschluss. Die Herren Wüstneck, Dr. Schenk und Drechsler stimmen an diesem Donnerstag dem Antrag zu, die Untersuchungshaft aufrecht zu erhalten. Bezüglich der Scha-

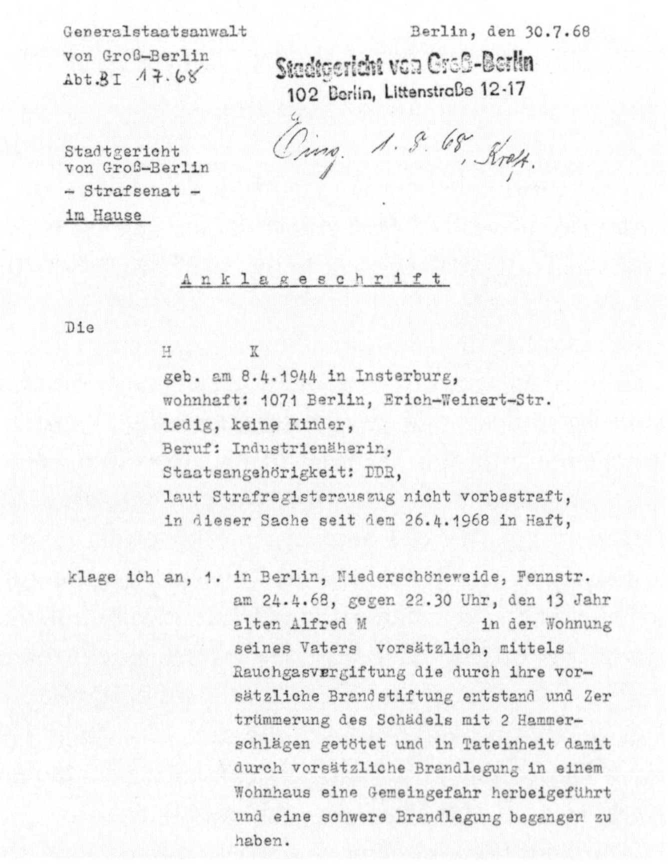

Generalstaatsanwalt von Groß-Berlin
Abt. BI 17.68

Berlin, den 30.7.68

Stadtgericht von Groß-Berlin
102 Berlin, Littenstraße 12-17

Eing. 1. 8. 68

Stadtgericht
von Groß-Berlin
– Strafsenat –
im Hause

A n k l a g e s c h r i f t

Die

H K
geb. am 8.4.1944 in Insterburg,
wohnhaft: 1071 Berlin, Erich-Weinert-Str.
ledig, keine Kinder,
Beruf: Industrienäherin,
Staatsangehörigkeit: DDR,
laut Strafregisterauszug nicht vorbestraft,
in dieser Sache seit dem 26.4.1968 in Haft,

klage ich an, 1. in Berlin, Niederschöneweide, Fennstr. am 24.4.68, gegen 22.30 Uhr, den 13 Jahr alten Alfred M in der Wohnung seines Vaters vorsätzlich, mittels Rauchgasvergiftung die durch ihre vorsätzliche Brandstiftung entstand und Zertrümmerung des Schädels mit 2 Hammerschlägen getötet und in Tateinheit damit durch vorsätzliche Brandlegung in einem Wohnhaus eine Gemeingefahr herbeigeführt und eine schwere Brandlegung begangen zu haben.

Die erste Seite der Klage vom 30. Juli 1968

densersatzforderungen verweisen sie auf das Hauptverfahren, das demnächst eröffnet werden soll. Dann brechen auch die Richter in die Sommerferien auf. Die ursprünglich für den 16. August anberaumte Hauptverhandlung wird auf den 1. und 3. Oktober verschoben.

Auf der internationalen Bühne indes spitzt sich der Ost-West-Konflikt zu. Neben den Studentenrevolten in Frankreich und der Eskalation des Krieges der USA in Vietnam, was in vielen Teilen der Welt Friedensbewegte auf die Straße treibt, kommt es zu dramatischen Entwicklungen in der benachbarten Tschechoslowakei.

Seit dem Frühjahr erfolgen dort begründete gesellschaftliche Reformen, die jedoch aus dem Ruder zu laufen drohen. Zudem wird von der östlichen Führungsmacht jeder Versuch, das sowjetische Sozialismusmodell zu korrigieren, höchst kritisch und mit Argwohn verfolgt. Auch in der DDR realisiert man seit fünf Jahren ein gesellschaftliches Reformkonzept, was gefährdet ist, wenn in Prag ein zu hohes Tempo der Veränderungen angeschlagen und Moskau darum eingreifen wird. So kommt es wiederholt zu Gespächen, zu offiziellen wie geheimen, zwischen den Spitzenpolitikern aus Berlin und Prag. Doch am 21. August interveniert Moskau militärisch. Sowjetische Panzer rollen durch Prag, und auch die anderen Mitgliedstaaten des Warschauer Paktes werden in diese Maßnahme eingebunden. Die DDR verweigert sich jedoch: In Berlin hat man ein Gespür für Geschichte. Deutsche Soldaten waren 1938/39 schon einmal in die Tschechoslowakei einmarschiert – deshalb verbietet sich eine deutsche Beteiligung. Es gibt allerdings auch andere Gründe, weshalb Ulbricht nicht mitmacht …

Der August, die Ferien- und Urlaubszeit, war in diesem Jahrhundert schon wiederholt zu militärischen Operationen genutzt worden. 1914 begann ein jahrelanger Völkermord, der später als der Erste Weltkrieg in die Geschichte eingehen sollte, und der Zweite begann 25 Jahre später zur gleichen Jahreszeit. Im August 1961 wurde die Mauer in Berlin gebaut, und jetzt also, im August 1968, intervenieren die Sowjetunion und deren Verbündete im Bruderland CSSR.

In Berlin und in anderen Städten der DDR protestieren aufgebrachte Bürger und werden dadurch ein Fall für die Justiz. Zwischen dem 21. August und dem 4. September arretiert die VP 468 Personen, von über tausend werden die Personalien aufgenommen.

Doch als am 1. Oktober morgens 8.30 Uhr die öffentliche Gerichtsverhandlung gegen Karla Hülsch beginnt, ist auch das inzwischen längst Geschichte.

Die Angeklagte nimmt im Gerichtssaal in der Littenstraße neben ihrem Verteidiger Heinz Heidrich Platz, er kommt aus einer Kanzlei in der Friedrichstraße 114, in die Jahre später Lothar de Maizière als Rechtsanwalt eintreten wird. 1990 sollte dieser der letzte Ministerpräsident des Landes werden.

Der Saal ist nur mäßig gefüllt, das öffentliche Interesse nicht sonderlich groß. Oberrichter Wüstneck erscheint in Begleitung der Schöffen Jacobi und Latschkowski, Perspektivplaner der eine, Bauingenieur der andere.

Die wenigen Zuschauer erheben sich.

Staatsanwalt Miltz als Vertreter des Generalstaatsanwalts von Groß-Berlin trägt die Klage vor. Dann marschieren Zeugen und Gutachter auf, werden von Richter, Verteidiger und Staatsanwalt befragt, Frau Dietrich, die Schriftführerin, protokolliert alles fein säuberlich in Steno, was dort im Einzelnen besprochen und ausgesagt wird.

Die Angeklagte macht einen erstaunlich ruhigen Eindruck. Sie sitzt ein wenig gedankenverloren auf ihrem Stuhl, als habe das alles nichts oder nur sehr wenig mit ihr zu tun. Möglicherweise versteht sie vieles nicht, sie fragt auch nicht bei ihrem Anwalt nach. Nun manchmal beugt sich dieser zu ihr hinüber, um seiner Mandantin bestimmte Zusammenhänge oder Formulierungen zu erläutern.

Er beschränkt sich notgedrungen auf die Aufgabe, ihre Rechte gegenüber dem Gericht und der Staatsanwaltschaft zu vertreten, denn an der Mordtat selbst und an der Brandstiftung gibt es nichts zu deuteln. Es liegt ein vollständiges Geständnis der Angeklagten vor, und die Beweise sind so klar wie der Vortrag des Staatsanwalts.

Der Ansatz der Verteidigung ist auch erkennbar: Heidrich plädiert auf verminderte Zurechnungsfähigkeit und hofft dadurch, das Maximum abzuwenden. Das ist die Todesstrafe. Sie wird gegen überführte Nazi- und Kriegsverbrecher und gegen Gewalttäter verhängt. Vor zwei Jahren war sie zum letzten Male vollstreckt worden; durch das Fallbeil war der Lagerarzt des KZ Auschwitz III, Horst Fischer, in Leipzig hingerichtet worden. Jeder im Saal weiß, dass diese Frau schuldig ist und auch eine harte Strafe erwarten kann, aber dass sie zum Tode verurteilt werden könnte, glaubt niemand.

Natürlich erwartet nicht nur der Verteidiger mit Spannung das psychiatrische Gutachten. Es wird von Dr. Dr. Szewczyk vorgetragen, einem anerkannten Sachverständigen für Psychiatrie und Psychologie. Szewczyk ist der erste deutsche Kriminalpsychologe, der Täterprofile entwickelt, was damals in der DDR wie auch der BRD als Arbeitsweise belächelt wurde. Erst als Anfang der 70er Jahre auf diese Weise der Serienmörder Hagedorn ermittelt werden sollte, erfährt Szewczyk die ihm gebührende Anerkennung.

Er hat die Angeklagte sehr intensiv befragt und untersucht und kommt zu dem Schluss, dass sich Karla Hülsch ihres Handelns und dessen Folgen bewusst war. Auf die entsprechenden Fragen und Hinweise der Verteidigung reagiert der Gutachter sehr souverän und überzeugend. Nein, antwortet er, die Angeklagte sei weder durch Geisteskrankheit oder Bewusstseinsstörungen noch durch eine schwerwiegende abnorme Entwicklung ihrer Persönlichkeit mit Krankheitswert völlig oder teilweise daran gehindert gewesen, die Gefährlichkeit ihres Verhaltens zu erkennen und gemäß dieser Erkenntnis zu handeln.

Zum ersten Mal fragt Karla Hülsch ihren Verteidiger, was der Gutachter damit meint. Sie hat den Sinn der Termini und deren Zusammenstellung nicht verstanden. Das geht nicht nur ihr so, doch die Botschaft ist durchaus eindeutig.

»Sie waren bei Sinnen und Herr des Geschehens«, antwortet Heidrich nur kurz, er will sich auf die Ausführungen konzentrieren und den Gutachter befragen. Nachdem dieser endet, bekommt er dazu Gelegenheit.

»Herr Dr. Szewczyk, Sie kennen den Lebenslauf der Angeklagten im Detail?«

Der Psychologe nickt. »Selbstverständlich.«

»Sie wissen also, unter welchen Umständen Frau Hülsch aufgewachsen ist. Ich verweise auf die schweren Jahre des Krieges und auf die Nachkriegszeit, die Probleme der alleinerziehenden Mutter, die mangelnde Fürsorge in der Familie und so weiter … Ich sehe, Sie stimmen mir zu, ich kann mir also weitere Ausführungen dazu sparen.

Hatte dies nicht Folgen für die Entwicklung der Persönlichkeit meiner Mandantin?«

»Natürlich«, antwortet der Gutachter. »Für mich steht außer Frage, dass all das gravierende Folgen für die Herausbildung der charakterlichen Struktur, für Verhaltensmuster und den Bildungs- und kulturellen Horizont hatte. Das steht wirklich außerhalb jeglicher Diskussion. Insofern – ich ahne, worauf Sie hinauswollen, Herr Anwalt – ist Ihre Mandantin auch ein Opfer der Umstände, denen sie ausgesetzt war. Aber diese Umstände wie auch die Tatsache, dass ihr Aussehen zu Hänseleien, also zur Ausgrenzung bei Gleichaltrigen in Kindheit und Jugend führte, sind nicht haftbar zu machen für diese Tat. Haftbar im Sinne einer Verantwortung für den Mord und die Brandstiftung ist allein sie. Die Angeklagte handelte mit Vorsatz, also bewusst und zielgerichtet, ihr Bewusstsein war in keiner Weise getrübt oder eingeschränkt.«

»Sie sind also der Auffassung, dass die Entwicklung meiner Mandantin weder durch die offenkundigen Mängel in der Erziehung noch durch ihren körperlichen Zustand derart beeinflusst war, dass sie die Folgen ihres Handelns nicht hätte abschätzen können?«

»So ist es. Alle Umstände zusammengenommen haben ihre Persönlichkeit nicht derart verändert, sagen wir ruhig: deformiert, um nicht – wie jeder andere Bürger auch – die verbindlichen Regeln des gesellschaftlichen Zusammenlebens zu begreifen und sich von diesen auch leiten zu lassen.«

»Die Angeklagte ist also voll zurechnungsfähig?«, schaltet sich der Richter ein. »Auch während der Tat?«

»Die Antwort lautet: ja«, bekräftigt der Psychologe seine Position.

»Herr Staatsanwalt, haben Sie noch Fragen an den Herrn Gutachter?«

Miltz erhebt sich und richtet das Wort an den Fachmann. »Die Angeklagte hat nach eigenem Bekunden getötet, einen Brand gelegt und gestohlen. Sie stellen in Abrede, dass dies im Zustand der Verwirrung oder geistigen Abwesenheit – zeitweiliger oder permanenter – geschah. Wie würden Sie die Tatsache beurteilen, dass das Mordopfer eine Person war, die der Angeklagten nicht nur bekannt war, sondern, wie sie selbst wiederholt in den Vernehmungen bekundete, ihr auch menschlich nahestand?«

»Für Außenstehende ist das nicht erklärbar, da haben Sie recht. Zwischen Opfer und Täter bestand eine enge persönliche Verbindung. Dass dies ohne Belang war, kann man durchaus als Ausdruck von Verrohung, von Gefühllosigkeit und Abstumpfung werten.

Für mich jedoch ist es in erster Linie auch Ausdruck zielgerichteten Handelns. Sie wollte einen Mitwisser, einen Zeugen beseitigen, wie sie ja selber ausführte. In ihrer Werteskala rangierte ein Menschenleben noch hinter der Angst vor dem persönlichen Entdecktwerden als Diebin.«

»Weil die Furcht vor den Schlägen des Bestohlenen so groß war«, wirft der Verteidiger ein.

»Sie haben nicht unrecht«, reagiert der Gutachter umgehend. »Aber wie Sie aus dem Vortrag der Staatsanwaltschaft und aus den Aussagen Ihrer Mandantin wissen, hat er sie in den sieben Jahren ihres Zuammenlebens regelmäßig geschlagen – und dennoch ist sie immer wieder zu ihm gezogen.«

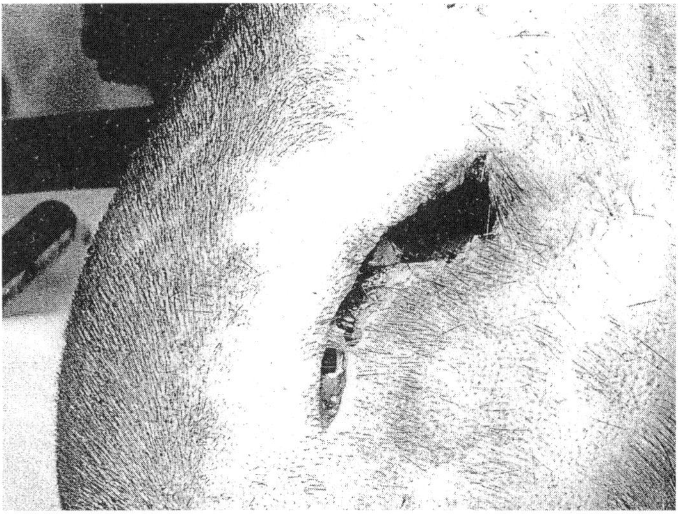

Die mit dem Hammer zugefügte Schädelverletzung des 13-jährigen Opfers

Im Publikum wird Murren laut. Der Richter blickt kritisch über den Rand seiner Brille in den Saal und auf den Gutachter. Der deutet die Reaktion völlig richtig. »Um es nicht misszudeuten: Ich habe nicht gesagt, Karla Hülsch habe sich an die Schläge gewöhnt oder gar: selber schuld. Sondern ich wollte nur deutlich machen, dass die zu erwartende Gewalt nach Bemerken des Diebstahls keine extrem hohe Hemmschwelle setzte. Noch einmal: die Furcht vor der Entdeckung des Diebstahls und den daraus resultierenden Folgen stellten keine Extremsituation für die Angeklagte dar, vor der sie sich einzig dadurch glaubte schützen zu können und zu müssen, dass sie einem anderen Menschen das Leben nahm.«

Der Verteidiger unternimmt einen letzten Anlauf. »Aber beweist diese völlig anomale Reaktion nicht die eingeschränkte Wahrnehmung meiner Mandantin? Wer so handelt, entschuldigen Sie bitte, ist doch nicht bei sich, kann nicht bei Verstande und Herr seiner Sinne sein!«

»Doch, ist er. Das sehen Sie an der Logik der Handlungen. Die Angeklagte begibt sich in die Fennstraße mit dem Vorsatz, Zigaretten zu stehlen. Sie fährt zu einer Zeit, als der Wohnungsinhaber abwesend ist und dessen Junge ihr die Wohnung öffnen wird. Und sie stiehlt erst, als der Junge schläft. Doch als der wach wird und, wie sie meint, sie beim Stehlen gesehen hat, also zum Zeugen wird, der sie belasten kann, holt sie sich den Hammer aus der Küchenkammer und schlägt zu. Dann legt sie Feuer, um die Tat zu verschleiern. Ein verkohlter Leichnam, meint sie, werde nicht als Mordopfer erkannt.

Dann beobachtet sie von unten, vom Nachbargrundstück, ob es in der Wohnung brennt, und kehrt noch einmal zurück. Sie hätte«, der Gutachter atmet erregt durch, »die Fenster nur öffnen müssen, und schon wäre das Feuer aufgeflammt. Sie sagt zwar, sie habe die Badezimmertür geöffnet, damit der Rauch abzöge, aber vielleicht tat sie das auch aus einem anderen Grund? Ich denke, wenn sie gewusst hätte, dass sie das Fenster hätte öffnen müssen, damit die Frischluft das Feuer entfacht, hätte sie es getan. So öffnete sie, gottlob, nur die Tür. Da wird sie wohl im Physikunterricht nicht richtig aufgepasst haben.

Das ist aber so wenig justitiabel wie die Mutmaßung, sie habe im Zustand geistiger Einschränkung oder gar Abwesenheit gehandelt. Nein«, Dr. Szewczyk klappt seine Mappe zu, »ich bin nach genauer Prüfung aller Umstände zu der festen Überzeugung gekommen, dass die Angeklagte mit klarem Bewusstsein zielgerichtet und überlegt handelte und darum voll schuldfähig ist.«

Die Aussage des Gutachters wird in der späteren Urteilsbegründung durch Oberrichter Wüstneck eine zentrale Rolle spielen. Dieser spricht von der »Verletzung der einfachsten Grundregeln im Bereich des menschlichen Zusammenlebens, die auch ein verhältnismäßig ungebildeter Mensch, dessen Persönlichkeitsentwicklung nicht geradlinig verlief, voll zu erfassen vermag. Dabei liegen hier auch keine Anhaltspunkte dafür vor, dass die Angeklagte auch nur eine der ihr hier zur Last gelegten Handlungen aufgrund von Gefühlsaufwallungen verübt hätte, die möglicherweise ihren Blick für die Erkenntnis der großen Gefährlichkeit ihres Tuns hätten trüben können.«

Nach allen während des Verfahrens zur Sprache gekommenen Aspekten wird der Richter der Auffassung des Gutachters folgen, dass »die Zurechnungsfähigkeit der Angeklagten weder ausgeschlossen noch in strafrechtlich bedeutsamem Umfange eingeschränkt« gewesen sei. »Es ist somit auch nicht – wie die Verteidigung meint – gerechtfertigt, den psychischen Zustand der Angeklagten im Hinblick auf ihre Taten, insbesondere die Tötung und die Brandstiftung, als die strafrechtliche Verantwortlichkeit mindernd zu betrachten.«

Mit den Plädoyers der Staatsanwaltschaft endet der erste Prozesstag. Übermorgen, am Donnerstag, soll das Gericht sein Urteil sprechen. Staatsanwalt Miltz hatte in seinem Vortrag eine lebenslange Freiheitsstrafe gefordert. Die einzig spannende Frage für die Beobachter lautet: Geht der Oberrichter drüber oder drunter, oder wird er dem Antrag folgen?

Verteidiger Heidrich verabschiedet sich von seiner Mandantin. Sie ist wie immer emotional neutral. Es gab zu keinem Zeitpunkt der Verhandlung einen wie auch immer gearteten Gefühlsausbruch, was nicht ausschließlich darauf zurückzuführen ist, dass sie das wenigste, was im Verfahren erörtert und ausgeführt wurde, auch inhaltlich erfasst und verstanden hat. Sie hat das Gemüt eines Panzers. Sie lässt sich mit stoischem Gleichmut die Handschellen anlegen und zur »Grünen Minna« führen, die sie wieder in die UHA bringt.

Am Donnerstag, dem 3. Oktober 1968, beginnt alles wie gehabt. Halbleerer Saal, die Stimmung im Raum ist normal und frei von Anspannung. Draußen singen die Vögel, über der Stadt breitet sich blauer Himmel, es ist ein schöner und ruhiger Herbsttag.

Der Richter erscheint wie üblich im Anzug, im Gefolge die beiden Schöffen Latschkowski und Jacobi. Er begrüßt die Anwesenden und bleibt gleich stehen. Vor sich hält er ein Blatt.

»Im Namen des Volkes«, beginnt er. »In der Strafsache gegen die beschäftigungslose Karla Hülsch, geboren am 8. April 1944 in Insterburg, wohnhaft in 1071 Berlin, Erich-Weinert-Straße, Bürgerin der DDR, ledig, in U-Haft seit dem 25. April 1968 wegen vorsätzlicher Tötung pp hat der Strafsenat 2a des Stadtgerichts von Groß-Berlin in der öffentlichen Sitzung am 1. und 3. Oktober 1968 [...] für Recht erkannt:

Die Angeklagte Karla Hülsch wird wegen Mordes in Tateinheit mit schwerer Brandstiftung sowie wegen mehrfachen Diebstahls persönlichen Eigentums [...] zu lebenslanger Freiheitsstrafe verurteilt.

Sie wird ferner verurteilt,

an die Rentnerin Kora Moschner 100 Mark zu zahlen. Weiterhin wird sie dem Grunde nach zum Schadenersatz verurteilt

1. gegenüber dem Kellner Anton Mielitz und

2. gegenüber dem VEB Komunale Wohnungsverwaltung Berlin-Treptow.

Wegen der Entscheidung über die Höhe dieser Ansprüche wird die Sache an die Zivilkammer beim Stadtbezirksgericht Berlin-Treptow verwiesen.

Die Angeklagte hat die Auslagen des Verfahrens zu tragen.«

Danach nimmt Oberrichter Wüstneck Platz, auch die übrigen im Saal lassen sich nieder. Auf dem Gesicht von Karla Hülsch ist nichts, aber auch gar nichts zu erkennen. Sie gleicht einer unlesbaren Verschlusssache.

Auch die Begründung des Urteils verfolgt sie mit regungsloser Gelassenheit und bar jeder Reaktion. Sehr differenziert beschreibt Wüstneck ihren Werdegang, schildert die einzelnen Lebensabschnitte und Bedingungen. Als Spulenwicklerin im VEB TRO Berlin habe sie bewiesen, »dass sie regelmäßig arbeiten konnte«, ehe sie wieder in alte schlechte Gewohnheiten zurückgefallen sei.

Doch er findet auch klare, eindeutige Worte. »In ihrem Gefühls- und Gemütsleben ist die Angeklagte verwahrlost, und zwar ist dies auf ihre letztlich selbst gewählte Lebensführung zurückzuführen.«

Auf die Brandstiftung eingehend, zitiert Wüstneck die nunmehr Verurteilte mit deren eigenen Worten. Es habe so aussehen sollen, dass der Junge gekokelt habe. Damit unterstreicht er die These des Gutachters vom zielgerichteten, logischen Handeln. Sowohl die Hammerschläge als auch die Rauchvergiftung waren tödlich für Alfred Mielitz. Die Gerichtsmedizin habe eine tödliche Konzentration von Kohlenmonoxid im Blut festgestellt, das heißt, dass das Opfer die »todeswürdige Schädelhirnverletzung noch so lange überlebt« habe, bis auch die CO-Dosis »im tödlichen Bereich« war.

Und warum folgt das Gericht dem Antrag der Staatsanwaltschaft? Weil »die Angeklagte nicht nur das Leben eines zu allen Hoffnungen berechtigenden jun-

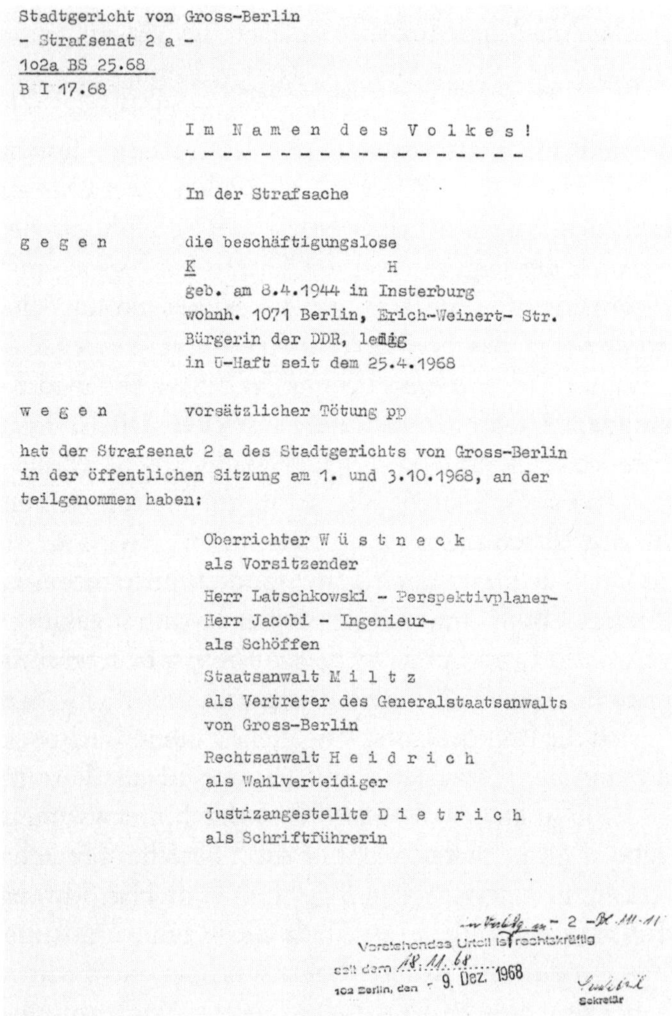

Stadtgericht von Gross-Berlin
- Strafsenat 2 a -
1o2a BS 25.68
B I 17.68

Im Namen des Volkes!

In der Strafsache

gegen die beschäftigungslose
K H
geb. am 8.4.1944 in Insterburg
wohnh. 1071 Berlin, Erich-Weinert- Str.
Bürgerin der DDR, ledig
in U-Haft seit dem 25.4.1968

wegen vorsätzlicher Tötung pp

hat der Strafsenat 2 a des Stadtgerichts von Gross-Berlin in der öffentlichen Sitzung am 1. und 3.10.1968, an der teilgenommen haben:

Oberrichter Wüstneck
als Vorsitzender

Herr Latschkowski - Perspektivplaner-
Herr Jacobi - Ingenieur-
als Schöffen

Staatsanwalt Miltz
als Vertreter des Generalstaatsanwalts
von Gross-Berlin

Rechtsanwalt Heidrich
als Wahlverteidiger

Justizangestellte Dietrich
als Schriftführerin

Vorstehendes Urteil ist rechtskräftig
seit dem 18.11.68
102 Berlin, den 9. Dez. 1968
Sekretär

Stempelvermerk vom 9. Dezember 1968: Das Urteil ist seit dem 18. November 1968 rechtskräftig

gen Menschen rücksichtslos auslöschte, sondern […] auch noch weitere Menschenleben sowie hohe Sachwerte in Gefahr brachte.«

Diese Momente seien von der Verteidigung »nicht berücksichtigt« worden, rügt der Richter in seiner Urteilsbegründung, denn die sei »allein von der relativ primitiven Persönlichkeitsstruktur der Angeklagten und den Besonderheiten ihrer Entwicklung ausgegangen«, weshalb der Verteidiger »eine etwa zehn- bis fünfzehnjährige Freiheitsstrafe« für ausreichend findet. »Der Schutz der Gesellschaft und insbesondere der Schutz menschlichen Lebens erfordern bei der von der Angeklagten mit ihrem strafbaren Tun bewiesenen Gefährlichkeit ihre ständige Isolierung, so dass der Senat unter Berücksichtigung der §§ 63 und 64 StGB zwar die allerschwerste hier angedrohte Strafe für unangebracht hielt, jedoch auf eine lebenslängliche Freiheitsstrafe erkannte.«

Oberleutnant der K Rudolf Kaiser, der dem Prozess beiwohnte, verlässt mit den anderen Beobachtern nachdenklich den Saal. Lebenslänglich bedeutet wirklich ein Leben lang. Bei guter Führung und bei günstiger sozialer Prognose kann irgendwann Haftprüfung erfolgen und eine Entlassung erwogen werden. Aber lebenslänglich bedeutet eigentlich: Dieser Mensch kommt nie mehr im Leben frei. Im »Idealfall« muss Karla Hülsch bis in die 90er Jahre hinter Gittern. Eventuell kommt sie früher raus, vielleicht aber auch nie. Nach 25 Jahren, wenn vielleicht eine Haftprüfung erfolgte, wird sie fast fünfzig Jahre alt sein …

Der Prozess hat ein Nachspiel.

Sieben Tage nach Urteilsverkündung legt Rechtsanwalt Heidrich im Namen seiner Mandantin Berufung ein. Er stellt den Antrag auf Änderung des von ihm angefochtenen Urteils und bittet darum, »eine zeitige Freiheitsstrafe festzusetzen«. Zeitig heißt befristet, also aus dem vagen »lebenlänglich« soll eine konkrete Zahl werden.

Zur Begründung führt er an, »dass das angefochtene Urteil nicht in vollem Umfang zu überzeugen vermag.«

Nach Auffassung des Anwalt, die er bereits im Verfahren deutlich gemacht hatte, wurden die entlastenden Gesichtspunkte »nicht ausreichend berücksichtigt«.

Er nennt deren drei.

Zum einen sei das die »schwerwiegende abnorme Entwicklung« von Karla Hülsch. Der Anwalt verweist auf Kriegs- und Nachkriegszeit, die überforderte Mutter, auf die schulischen Probleme seiner Mandantin, auf die Aufenthalte in Kinderheimen und Jugendwerkhöfen und schließlich auf die von ihr ausgeübten Tätigkeiten, die »keine durchschnittlichen Anforderungen« stellten.

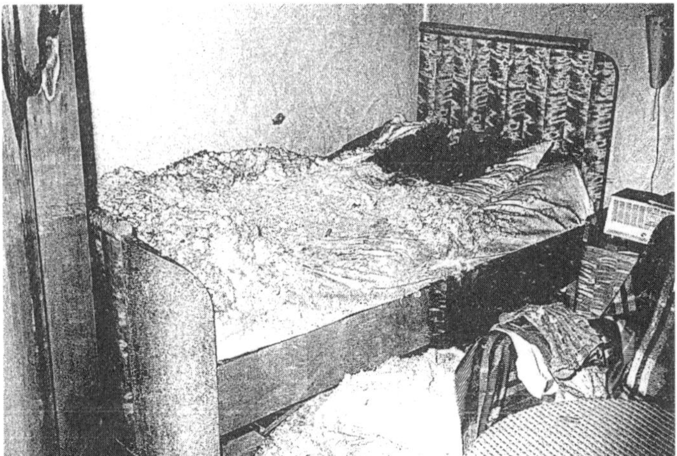

Das Bett, in dem Alfred Mielitz erschlagen wurde

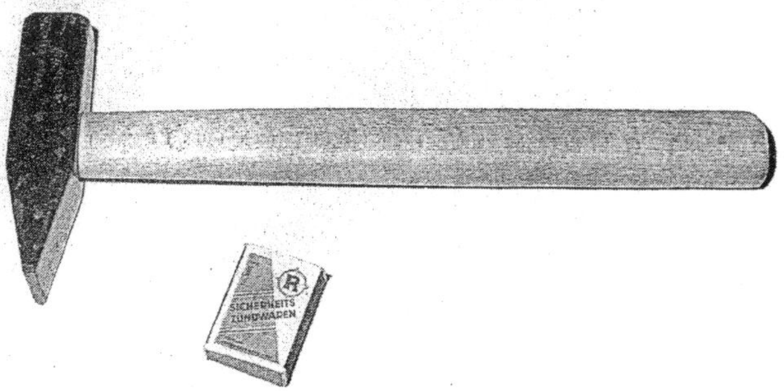

Die Tatwaffe aus der Speisekammer. Die Streichholzschachtel dient zum Größenvergleich

Diese »schwerwiegende abnorme Entwicklung« seiner Mandantin besäße »Krankheitswert«. Er habe sehr wohl vernommen, dass der Sachverständige dies »angezweifelt« hat, doch er, der Anwalt, sieht »im Gutachten viele Momente des Kankheitswertes angeführt, z. B. das körperliche Misswachstum der Angeklagten, ihre Reizbarkeit, Labilität, Haltlosigkeit, Verwahrlosung, ihre sozialpsychologische Isolierung, ihre Willensschwäche und Unfähigkeit, die Ursachen ihrer schlechten Lebenssituation zu erkennen oder gar zu überwinden«. Kurzum: »Die Angeklagte hätte in Anwendung des § 16 (I) StGB als vermindert verantwortlich behandelt werden müssen.« Dieser Paragraf über die »Verminderte Zurechnungsfähigkeit« lautet:

»(1) Strafrechtliche Verantwortlichkeit ist gemindert, wenn der Täter zur Zeit der Tat infolge der im § 15 Absatz 1 genannten Gründe (*»wenn der Täter zur Zeit der Tat wegen zeitweiliger oder dauernder krankhafter Störung der Geistestätigkeit oder wegen Bewusstseinsstörung unfähig ist, sich nach den durch die Tat berührten Regeln des gesellschaftlichen Zusammenlebens* *zu entscheiden« – B. M.*) oder wegen einer schwerwiegenden abnormen Entwicklung seiner Persönlichkeit mit Krankheitswert in der Fähigkeit, sich bei der Entscheidung zur Tat von den dadurch berührten Regeln des gesellschaftlichen Zusammenlebens leiten zu lassen, erheblich beeinträchtigt war.«

Ausfertigung

Oberstes Gericht der Deutschen Demokratischen Republik
5. Strafsenat
5 Ust 66/68

Berlin, den 18.11.1968

B e s c h l u ß

In der Strafsache
gegen K H
geb. am 8. April 1944 in Insterburg
wohnhaft: Berlin, Erich-Weinert-Str.
z. Zt. UHA Berlin II

Verteidiger: Rechtsanwalt Heidrich, Berlin

wegen Mordes pp.

wird die Berufung der Angeklagten gegen das Urteil des Stadtgerichts von Groß-Berlin vom 3. Oktober 1968 als offensichtlich unbegründet

v e r w o r f e n .

Die im Rechtsmittelverfahren entstandenen Auslagen werden der Angeklagten auferlegt.

G r ü n d e :

Die Angeklagte ist durch das Stadtgericht wegen Mordes (§ 112 Abs. 1 StGB) in Tateinheit mit schwerer Brandstiftung (§§ 185 Abs. 2, 186 Ziff. 3 StGB) und wegen mehrfachen Diebstahls persönlichen Eigentums (§§ 177, 180, 63 und 64 StGB) zu lebenslanger Freiheitsstrafe und zum Schadensersatz verurteilt worden.

Gegen diese Entscheidung hat die Angeklagte Berufung eingelegt, mit der die Nichtanwendung des § 16 Abs. 1 StGB gerügt und eine zeitige Freiheitsstrafe erstrebt werden.
Die Berufung ist nach einstimmiger Auffassung des Senats offensichtlich unbegründet.

Titelblatt des Beschlusses des 5. Senats des Obersten Gerichts zur Berufung

Und schließlich, drittens, führt der Verteidiger zur Stützung seiner Argumentation an, dass »gerade während des Tatgeschehens« das Verhalten von Karla Hülsch »äußerst widersprüchlich« gewesen sei. Er nennt dann verschiedene Sachverhalte, die sich widersprechen, fügt sogar 22 Fotografien bei, mit de-

- 2 -

Die mit der Berufung dargelegten Bedenken gegen die Rechtsauffassung des Stadtgerichts,, wonach die abnorme Persönlichkeitsentwicklung der Angeklagten nicht krankheitswertig im Sinne von § 16 Abs. 1 StGB und die Angeklagte daher für die begangenen Straftaten strafrechtlich voll verantwortlich ist, sind nicht begründet. Auf der Grundlage des in der Hauptverhandlung festgestellten Sachverhalts, insbesondere der gutachterlichen Stellungnahme des psychiatrischen Sachverständigen, geht das Stadtgericht zu Recht davon aus, daß die Entwicklung der Angeklagten zwar durch Mängel in der Erziehung und durch ihren körperlichen Zustand beeinträchtigt war, die jedoch nicht dazu führte, daß sich bei ihr so erhebliche Veränderungen der Persönlichkeit herausbildeten, die es ihr im besonderen Maße erschwert hätten, sich im Hinblick auf das konkrete Tatgeschehen von den Regeln des gesellschaftlichen Zusammenlebens leiten zu lassen. Im übrigen ist die abnorme Persönlichkeitsentwicklung der Angeklagten, ihre Verwahrlosung im Gefühls- und Gemütslebens nicht organisch bedingt, sondern auf die von ihr gewählte Lebensweise zurückzuführen, ~~ist.~~ Zwar haben Einzelbedingungen, wie die früheren ungünstigen Verhältnisse im Elternhaus, die negative Beeinflussung durch den Verlobten und die aus dem körperlichen Fehlwachstum mit resultierende generalisierte Trotzhaltung der Angeklagten, ihre soziale Fehlentwicklung mitbestimmt. Sie war aber fähig, sich von dieser Lebenssituation zu lösen und sich für eine den Regeln des sozialistischen Gemeinschaftslebens weitgehend entsprechende Lebensweise zu entscheiden. Das ist vom Stadtgericht richtig erkannt und bei der Beurteilung der strafrechtlichen Verantwortlichkeit der Angeklagten beachtet worden.

Auch die vom Vordergericht vorgenommene rechtliche Beurteilung des Handelns der Angeklagten ist nicht zu beanstanden. Die gegen sie ausgesprochene lebenslange Freiheitsstrafe wird dem Schutzbedürfnis des menschlichen Lebens in der sozialistischen Gesellschaft gerecht, weil sie der Schwere des von der Angeklagten begangenen Verbrechens entspricht. Sie hat aus krass

Die Richter verwerfen den Antrag, aus der lebenslänglichen eine befristete Haftstrafe zu machen

nen das »gute Verhältnis« von Täterin und Opfer bezeugt wird. Ein Widerspruch, wohl wahr: Sie mag den Jungen – und erschlägt ihn trotzdem. Und: »Die Beute war äußerst gering, und dennoch beging sie die Tat.«

Nein, von einem Vorsatz könne man ganz und gar nicht ausgehen, bekräftigt ihr Anwalt. »Insbesondere deswegen (nicht), weil der Junge nach den beiden Hammerschlägen noch gelebt hat und die Angeklagte im folgenden Tatgeschehen auch davon ausgegangen

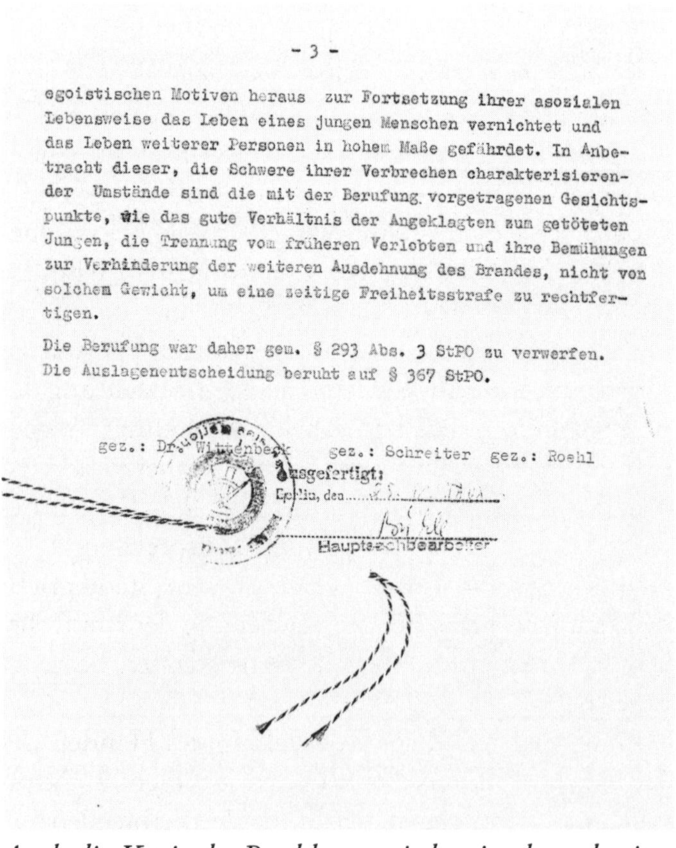

- 3 -

egoistischen Motiven heraus zur Fortsetzung ihrer asozialen Lebensweise das Leben eines jungen Menschen vernichtet und das Leben weiterer Personen in hohem Maße gefährdet. In Anbetracht dieser, die Schwere ihrer Verbrechen charakterisierender Umstände sind die mit der Berufung vorgetragenen Gesichtspunkte, wie das gute Verhältnis der Angeklagten zum getöteten Jungen, die Trennung vom früheren Verlobten und ihre Bemühungen zur Verhinderung der weiteren Ausdehnung des Brandes, nicht von solchem Gewicht, um eine zeitige Freiheitsstrafe zu rechtfertigen.

Die Berufung war daher gem. § 293 Abs. 3 StPO zu verwerfen.
Die Auslagenentscheidung beruht auf § 367 StPO.

gez.: Dr. Wittenbeck gez.: Schreiter gez.: Roehl

Ausgefertigt:
Berlin, den ...
Hauptsachbearbeiter

Auch die Kopie des Beschlusses wird gesiegelt und mit Kordel gebunden ist, dass er noch lebt. Wenn er aber nach den Hammerschlägen noch gelebt hat und die Angeklagte ihn auch nicht ersticken oder verbrennen lassen wollte, dann wollte sie eben seinen Tod überhaupt nicht herbeiführen.«

Am 18. November tritt der 5. Strafsenat des Obersten Gerichts zusammen und berät über die Berufung. Diese wird »als offensichtlich unbegründet verworfen«.

»Offensichtlich« heißt, so schreiben es jedenfalls die Richter Dr. Wittenbeck, Schreiter und Roehl in ihrer Begründung, dass die vom Anwalt »dargelegten Bedenken« sie nicht überzeugt hätten.

Die ins Feld geführte »abnorme Persönlichkeitsentwicklung der Angeklagten, ihre Verwahrlosung im Gefühls- und Gemütsleben« sei, so die Richter, »nicht organisch bedingt, sondern auf die von ihr gewählte Lebensweise zurückzuführen. Zwar haben Einzelbedingungen wie die früheren ungünstigen Verhältnisse im Elternhaus, die negative Beeinflussung durch den Verlobten und die aus dem körperlichen Fehlwachstum mit resultierende generalisierte Trotzhaltung der Angeklagten ihre soziale Fehlentwicklung mitbestimmt. Sie war aber fähig, sich von dieser Lebenssituation zu lösen und sich für eine den Regeln des Gemeinschaftslebens weitgehend entsprechende Lebensweise zu entscheiden. Das ist vom Stadtgericht richtig erkannt und bei der Beurteilung der strafrechtlichen Verantwortlichkeit der Angeklagten beachtet worden.«

Auch die »rechtliche Beurteilung des Handels der Angeklagten« durch diese Instanz sei »nicht zu beanstanden«. Angesichts der Schwere des Verbrechens sei eine »zeitige Freiheitsstrafe« nicht zu rechtfertigen und darum die Berufung zu verwerfen.

*

Der Kriminalfall der Karla Hülsch mag für einige spektakulär sein, und die Umstände sind auch gewiss sehr ungewöhnlich. Viel interessanter als die Ermittlungsarbeit der Kriminalpolizei, die in diesem Fall rasch erledigt war, ist hingegen der Umgang der Justiz mit der Täterin. Es zeigt sich, wie unaufgeregt und vorurteilsfrei die Staatsmacht in Gestalt von Staatsanwaltschaft und Gericht anno 1968 in der DDR handelte. Geradezu unideologisch gehen diese Institutionen mit einer nach damaligem Verständnis asozialen Täterin um.

In einem Land, in welchem der Grundsatz »Wer nicht arbeitet, soll auch nicht essen« geradezu Staatsdoktrin ist, hat man für Menschen, die auf Kosten anderer leben, kein Verständnis. Denn die Logik liegt auf der Hand: Entweder bestreitet jemand seinen Lebensunterhalt durch Lohn- oder andere Arbeit, oder er lebt auf Kosten anderer, indem diese im Wortsinne bestohlen werden oder weil auf andere, dem Charakter der Gesellschaft nicht entsprechende Weise Geld verdient wird, etwa durch Spekulation oder mit Hilfe ererbter oder angeeigneter Vermögen. In einer dem Grundsatz nach egalitären DDR-Gesellschaft gab es dafür keine vom Gesetz erlaubten Möglichkeiten.

Dennoch wurde die Würde der Angeklagten Hülsch nicht verletzt, sie wurde korrekt behandelt und alles Für und Wider erwogen. Und dass durch mehrere Instanzen. Auch in der Bundesrepublik gibt es eine letzte Instanz, und das ist der Bundesgerichtshof.

Insofern ist auch im Fall der Karla Hülsch Rechtsstaatlichkeit in jeder Hinsicht gewahrt.

Was aus dieser Frau wurde, wie viele Jahre sie im Strafvollzug zubringen musste, ob sie die »Wende«

erlebte, ob das Urteil – wie so viele andere von DDR-Richtern gefällte – auch von der bundesdeutschen Justiz akzeptiert oder ob es verworfen wurde, ist nicht bekannt.

Leseprobe

aus: Eveline Schulze, »Mord in der Backstube«, erschienen 2012 im Verlag Das Neue Berlin, 12.95 Euro, ISBN 978-3-360-02154-0

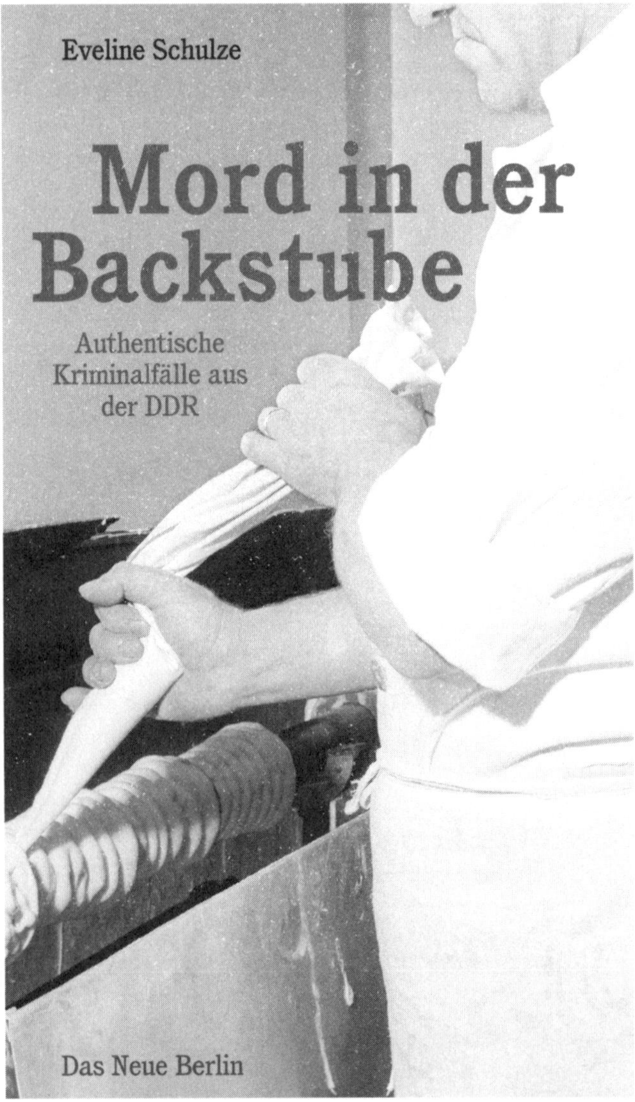

Seit Tagen schon sind sie auf der Suche. Sie haben keine Spur, nicht einmal eine Vermutung. Das Mädchen bleibt verschwunden. Sie ermitteln, wie es immer heißt, in alle Richtungen. Alles ist denkbar. Roswitha kann von zu Hause abgehauen sein, was aber eher unwahrscheinlich ist. Die Eltern haben einen guten Leumund, sind unauffällig. Nachbarn in der Finstertorstraße, Arbeitskollegen, die Lehrer in der Schule – niemand hat bei der Befragung auch nur den Anflug eines Verdachts aufkommen lassen, dem Mädchen hätte es an Zuwendung und Liebe gefehlt. Unter solchen Umständen läuft kein Kind weg.

Die zweite Option ist nicht minder abwegig. Wer entführt hierzulande ein Kind? In kapitalistischen Staaten werden Kinder gekidnappt, um von vermögenden Eltern Lösegeld zu erpressen, aber doch nicht in der DDR! Hier ist nichts zu holen, die Vermögen sind überschaubar. Die Vorstellung einer Entführung gilt nicht nur Wenzel als abstrus.

Er hatte in der Literatur auch schon davon gelesen, dass Frauen bisweilen Säuglinge stahlen, um sich ihren unerfüllten Kinderwunsch zu erfüllen. Aber erstens war Roswitha kein Säugling, und zweitens hatte es auch so etwas bei uns noch nie gegeben. Ohne Angst ließen junge Mütter ihre Kinderwagen unbeaufsichtigt vorm Kaufhaus stehen. Nie wäre eine von ihnen auf die Idee gekommen, dass ihrem Kind etwas widerfahren könnte, während sie einkaufte. Diesbezüglich herrscht ein tiefes Gefühl von Sicherheit vor.

Bleibt also nur die dritte Möglichkeit: Das Mädchen ist einem Gewaltverbrechen zum Opfer gefallen. Doch so lange keine Leiche gefunden ist, bleibt diese Annahme ebenfalls Spekulation.

Natürlich halten die Görlitzer Kriminalisten – nicht zuletzt mit Rücksicht auf die Eltern – die Mordthese unter der Decke. Bekanntlich stirbt die Hoffnung zuletzt, und sie als Ermittler wollen diese keineswegs meucheln. Doch kaum einer, der mit dem Fall befasst ist, glaubt noch daran, Roswitha Buder lebend aufzufinden, wo und unter welchen Umständen auch immer.

Wenzel verfolgt aufmerksam, wie die Feuerwehrleute den Tümpel Stück um Stück entrümpeln. Oben, an der Straße, drängen sich Schaulustige. Polizisten hindern sie daran, an den Teich zu kommen. Jeder ahnt, dass es sich um keine Feuerwehrübung handelt. Dazu ist zu viel Polizei vor Ort. In Görlitz weiß inzwischen jeder, dass ein Mädchen verschwunden ist. Die Polizei hatte in den Zeitungen Suchmeldungen veröffentlicht, und wer das *Landskronecho* oder die *Sächsische Zeitung* nicht hält, hat es durch die Befragungen in der Stadt mitbekommen. Der Buschfunk funktioniert tadellos.

»Nichts«, meldet der Oberbrandmeister, was dem Rang eines Oberleutnants entspricht, und das ist ein Dienstgrad unter Wenzel. Hauptmann der K ist er, und das seit Menschengedenken. Mit Beförderungen hat man es nicht so bei der Kriminalpolizei. Diese sind auch mehr an Planstellen denn an außergewöhnliche Leistungen gebunden. Nicht so wie damals bei der Wehrmacht. Wenzel, seinerzeit ein junger Bursche, war ins Afrika-Corps gesteckt worden, sein Freund wurde Fahrer bei Rommel. Der cholerische Ritterkreuzträger beförderte und degradierte je nach Laune. Sein Freund hatte darum immer zwei Uniformjacken mit unterschiedlichen Schulterstücken im Kofferraum – die eine mit dem Rang über dem aktuellen, die andere eins niedriger. Und was machst du, wenn er dich gleich um zwei Stufen absäbelt und zum Unterfeld macht, hatte Wenzel ihn einmal gefragt, worauf der Oberfeldwebel lachend meinte, dann müsse er eben den Stern mit der Hand entfernen, was auch kein Problem darstelle.

»Nichts«, wiederholt der Oberbrandmeister und hebt die Schulter. »Nur Müll.«

»Naja, wenigstens ist der Teich jetzt wieder sauber«, sagt Wenzel nach einer langen Pause. »Packt ein und rückt ab. Aber nehmt den Schrott mit.«

Der Oberbrandmeister nickt. »Ich will mich ja nicht in deine Arbeit einmischen …« Er blickt mit grauen, gütigen Augen Wenzel forschend ins Gesicht. »Aber hast du wirklich geglaubt, hier eine Leiche zu finden?«

»Natürlich nicht«, schießt es aus Wenzel heraus. »Aber was willst du machen, wenn jeden Morgen der Erste von der Kreisleitung anruft und sich nach dem Stand der Ermittlungen erkundigt, wenn der Bezirk anfragt, die Eltern täglich Rotz und Blasen in deinem Büro heulen. Selbst die Kirche hat sich schon beschwert, weil wir auf dem Nikolaifriedhof … Ach, hör doch auf.« Er greift, sichtlich erregt, in die Jacketttasche und erinnert sich, dass er vor wenigen Minuten die Schachtel weggeworfen hat. »Hast du mal eine Zigarette?«

Nach dem ersten tiefen Zug setzt er fort. »Wir haben doch nun wirklich alles unternommen. Da greifst du doch nach jedem Strohhalm, selbst wenn er keiner ist. Ph.« Wenzel macht eine wegwerfende Handbewegung. »Die Idee, den Teich auszupumpen, kam aus dem Rathaus. Da konnte ich schlecht antworten: Genosse Bürgermeister, der Tümpel liegt mitten in der Stadt und ist überdies so flach, dass du dort nicht mal einen Hund unbemerkt versenken könntest.« Wenzel lacht gequält. »Vielleicht hat er auch nur das bezweckt, was ihr gerade gemacht habt: ihn zu entrümpeln.«

Nicht nur ihm geht dieses heimliche Geraune in der Bevölkerung auf den Zünder, auch im Rathaus spürt man den Druck der Öffentlichkeit.

Der Hauptmann kennt die Diskussion, die seit Jahren hinter vorgehaltener Hand in der Stadt geführt wird. In Görlitz, im christlichen Abendland, waren um 1500 die Stätten Jerusalems nachgebildet worden. Man hatte das Heilige Grab errichtet und auf dem gegenüberliegenden Kalvarienberg einen Ölbaum gepflanzt. Weil es dafür jedoch zu kalt war, nahm man damals eine Weide. Unter jenem Ölbaum im Garten Gethsemane hatte laut Bibel Jesus mit seinen Jüngern die letzte Nacht vor Verhaftung und Kreuzigung zugebracht. Die Lunitz, ein kleiner Bach, die zwischen dem Görlitzer Ölberg und dem Heiligen Grab plätscherte, wurde zum Kidron, dem Gewässer im Garten Gethsemane. Vor dem Ersten Weltkrieg errichtete man auf dem Ölberg das Städtische Krematorium und ersetzte die Weide durch einen Spitzahorn. Doch die Anlage darunter verkam zur Müllkippe.

Nach dem Weltkrieg hatte die Stadt den Landschaftspark jedoch rekonstruiert, mit »Jüngerwiese« und Rosenterrasse, mit Obstplantagen (für arme Bewohner) und angestauter Lunitz. Die zwei Kilometer von der Krypta der Peterskirche bis zur Heilig-Grab-Anlage wurde als Passionsweg Christi nachgestaltet und das Ganze als Europas ältester religiöser Landschaftspark vermarktet.

In der neuen Zeit allerdings, nach dem Zweiten Weltkrieg, verlor sich das Interesse an derlei Inszenierung, die Nutzung der Obstplantage war vor wenigen Jahren eingestellt worden. Das nahmen die Görlitzer Gläubigen als Indiz für den Kirchenkampf, die gottlose Obrigkeit ließ, hieß es, absichtsvoll alles verkommen.

Der Vorgang trifft gewiss zu, nur ist das unterstellte Motiv abwegig. Es wird ja nicht nur diese Grünanlage sträflich vernachlässigt, es geht auch den vielen nicht minder historisch bedeutsamen Gebäuden in der Altstadt so. Die Decke ist einfach zu kurz, unter der sich die Görlitzer Stadtverwaltung streckt. Nicht nur Wenzel kann ein Lied davon singen, er wohnt in einer solchen Bruchbude, in der sich der Schwamm stetig durchs Gebälk frisst, ohne dass etwas dagegen unternommen würde.

Der Bürgermeister wollte sich eventuell nicht nachsagen lassen, er habe dem »Druck« aus Kirchenkreisen nachgegeben und den Teich auf dem Ölberg reinigen lassen, mutmaßt Wenzel.

»Sollen wir die Lunitz wieder fließen lassen?«

Wenzel schreckt aus seinen Gedanken. »Was?«

»Ob wir die Absperrung öffnen sollen?«, wiederholt der Feuerwehrmann.

»Nein, ich hab im Wasserwerk Bescheid gesagt, die wollen den Schlamm rauskratzen und aufs Feld fahren. Wenn wir schon solchen Aufwand betreiben, soll es sich auch lohnen.«

Wenzel wird den Verdacht nicht los, dass beim Anruf aus dem Rathaus die Suche nach der Kindsleiche nur vorgeschoben war. Innerlich muss Wenzel grinsen, obgleich ihm keineswegs zum Lachen ist. Doch auch wegen solcher Behördentricks liebt er seine

DDR. Na schön, sagt er sich, wenn's dem Weltfrieden nützt …

Er wendet sich zum Gehen und winkt seinen Mitarbeitern und Kriminaltechnikern, die sich mit den Feuerwehrleuten lachend unterhalten. Offenkundig werten sie gemeinsam die Fundsachen aus.

Der Trupp trottet dem Chef hinterher. Oben auf der Friedhofstraße haben sie ihre Dienstfahrzeuge stehen. Die Gruppe der Neugierigen hat sich zerstreut.

Die Straße durchschneidet ein gewaltiges Gräber-Areal, bestehend aus Neuem und Altem Friedhof mit einem Urnenhain, in dessen Zentrum sich das Krematorium erhebt. Dem Alten schließt sich der Nikolaifriedhof an, hinter dessen Mauer sich die Finstertorstraße windet. Dort wohnt auch Roswitha Buder.

Dem jetzigen Kenntnisstand entsprechend muss man sagen: wohnte.

Auf dem Neuen Friedhof liegen die Weltkriegstoten von 1914/18 und 1939/45, auf einem eigenständigen Gräberfeld »die Griechen«. Über sechstausend griechische Soldaten, ein ganzes Armeekorps, waren im Ersten Weltkrieg im preußischen Görlitz interniert worden. Die Soldaten und Offiziere hätten sich freiwillig in Kriegsgefangenschaft begeben, sagt man, weshalb sie jubelnd von den Görlitzern bei ihrer Ankunft im Sommer 1916 begrüßt worden waren. Im Unterschied zu anderen Kriegsgefangenen – Griechenlands König war der Schwager des deutschen Kaisers – lebten sie offensichtlich wenig bedrängt. Sie öffneten Geschäfte und Restaurants, gaben eine eigene Zeitung heraus und stellten sogar Polizeistreifen. Als sie 1919 in die Heimat zurückkehrten, ließen sie diese 126 Gräber zurück, auch das Grab des Kommandanten Chatzopulos.

Hinter dem Griechenfeld befinden sich die Hoffnungskirche und ein Denkmal, das an sechs Görlitzer erinnert, welche sich im März 1920 dem deutschlandweiten Generalstreik anschlossen. In Berlin hatten Kapp und Lüttwitz geputscht, auch hier verteidigten deutsche Arbeiter die junge Demokratie von Weimar. Das von Wilhelm Faupel geführte »Freikorps Görlitz« ermordete sechs Männer und Frauen der Stadt, deren Namen auf der Denkmalplatte verewigt sind. »Ruhm und Ehre den Kämpfern gegen Kapp und Faupel«, heißt es dort seit 1929. Da wusste man noch nicht, dass Faupel sieben Jahre später von der Hitler-Regierung als Verbindungsmann zum spanischen Putschisten Franco und 1939 zum Generalleutnant ernannt werden sollte. Am 1. Mai 1945 beging Faupel in Berlin Selbstmord. Er wird seine Gründe gehabt haben, warum er den Russen nicht in die Hände fallen wollte …

Erwin Wenzel kennt sich in der Geschichte seiner Stadt aus, auch darum lebt er gern hier. Er kennt jeden Winkel, weiß um dessen Vergangenheit und die Besonderheiten. Das hilft ihm bei seiner Arbeit. Auf der anderen Seite grämt es natürlich, wenn ihm – wie im aktuellen Fall – dieses Wissen wenig nützt.

»In einer Stunde treffen wir uns zur Beratung«, ruft er, bevor er ins Auto steigt.

»Ins Amt«, sagt er dem Fahrer, der die ganze Zeit, wie üblich, im alten EMW ausgeharrt hat. »Haste mal ’ne Zigarette?«

Im Volkspolizeikreisamt herrscht dicke Luft. Der Leiter wirkt angefressen. Üblicherweise kümmert er sich nur dienstlich um die Kriminalisten, das heißt routinemäßig. Karnickeldiebstähle, geklaute Mopeds, Mundraub, all das, was den Alltag dort ausmacht, interessieren ihn nicht. Kleinkram, Pillepalle eben. Doch wenn ein – vermutetes – Gewaltverbrechen aufzuklären ist, dann läuten auch bei der Obrigkeit alle Alarmglocken. Nicht nur die dienstlichen Vorgesetzten fordern Aufklärung vom VPKA-Chef, sondern auch die politischen. Jeder, der meint, im Kreis etwas zu sagen zu haben, verlangt Auskunft und liefert auch gleich noch seinen Senf ab. Es ist wie beim Fußball: Jeder Zuschauer ist der bessere Trainer. Und Kraft ihrer Wassersuppe handeln einige auch so. Wenzel hörte davon, dass mancher Bezirkserste der Partei sogar die Mannschaftsaufstellung »seines« Fußballklubs besorgt. Heiliger Bimbam …

Die Genossen von der K verstehen ihr Handwerk, das weiß der VPKA-Chef, die brauchen keine Hinweise von außen. Dennoch handelt er gegen seine Überzeugung, indem er den Druck weitergibt.

»Mensch, Erwin, was ist da denn bloß los?«

Wenzel breitet ratlos die Arme auf dem Tisch.

»Gibt es denn wirklich keinen Ansatz, nicht den Hauch einer Spur?«

Der Hauptmann weiß, dass sein Vorgesetzter alle Berichte und Unterlagen zum Fall auf dem Tisch hat, bis auf die heutige Aktion am Teich im Kidronpark ist er auf dem Laufenden. Dennoch repetiert Wenzel noch einmal alle Maßnahmen und Schritte.

»Wir haben das ganze Programm durch, Horst.«

»Dann muss ich den Bezirk einschalten.«

Wenzel blickt auf seine Hände. Natürlich ist das eine Demütigung. Doch er versteht auch den Chef. Der muss aktiv werden, um sich nicht den Vorwurf der Untätigkeit oder gar der Inkompetenz einzuhandeln, das gebietet die Hackordnung in einem System, das auf Subordination gründet. Das ist überall auf der Welt so, in jedem Behörden-Apparat, er weiß das. Dennoch schmerzt es natürlich, jemanden vor die Nase gesetzt zu bekommen. Er kennt die Wichtigtuer aus Dresden zur Genüge. Die schieben eine Welle wie ein Atomeisbrecher, obwohl sie auch nur in einem Ruderboot reisen.

Es kommt wie erwartet.

Am nächsten Morgen rücken drei Mann von der Morduntersuchungskommission aus der Bezirkshauptstadt an.

Wenzel und seine Mitstreiter sind jedoch angenehm enttäuscht. Die Kriminalisten von der MUK geben sich erstaunlich moderat, also nicht: Hallo, wo steht das Klavier? Sondern fragen ganz normal und kollegial: Wo und wie können wir helfen?

Hauptmann Erwin Wenzel, assistiert von seinen Mitarbeitern, schildert die bisherigen Ermittlungen. Wenn er schweigt, ist es still im Raum. Draußen, vor den geöffneten Fenstern des Beratungsraumes, fällt der Regen. Obgleich doch laut Kalender Hochsommer sein sollte, ist es kühl und nass. Die Meteorologen sprechen bereits vom nassesten Sommer dieses Jahrhunderts. Dabei liegt noch ein reichliches Drittel vor uns. Wenzel wollte schon längst auf dem Zeltplatz in Bansin sein und in der Ostsee baden. Doch der Amtsleiter hatte für die Kriminalisten eine Urlaubssperre verhängt. Solange der Fall nicht geklärt ist, macht keiner Ferien. Ohne zu murren, beugen sich alle dem Befehl. Bei diesem Mistwetter fällt das nicht schwer. Außerdem ist ihnen selbst daran gelegen, Klarheit in die Sache zu bringen. Man muss das Mädchen finden: so oder so. Die meisten gehen davon aus, dass es nicht mehr lebt.

»Fassen wir also noch einmal zusammen: Roswitha Buder hat am 20. Juli nach neun Uhr die elterliche Wohnung verlassen. Das haben die Mutter und der Bruder bestätigt. Sie habe Altstoffe sammeln wollen, sagten beide: Flaschen, Papier, Lumpen, Buntmetall und so weiter. Das wird, wie wir wissen, ordentlich vergütet in den Annahmestellen. Und sie machte das auch nicht zum ersten Mal. Sie hat eisern für ein Fahrrad gespart. Sie wollte das Geld noch unbedingt in den Ferien verdienen, erzählte die Mutter.«

»Hat sie auch gesagt, *wo* die Tochter sammeln wollte?«, fragt einer der Dresdner.

»In der Umgebung vermutlich. Es gab so einen vagen Hinweis, dass sie etwas abholen wollte, ohne dass sie Adresse oder Name genannt hätte. – Jedenfalls wurde Roswitha von einer Frau Greim gegen halb zehn in der Bogstraße gesehen, keine hundert Meter von der Buder-Wohnung entfernt und unweit der Schule, die das Mädchen besuchte. Die Zeugin kannte Roswitha und wechselte ein paar Worte mit ihr.«

»Hatte sie da schon was gesammelt?«, kommt der Zwischenruf.

Wenzel blättert in seinen Notizen. »Soweit ich sehe, wurden dazu keine Angaben gemacht. Die Zeugin hat lediglich ausgesagt, dass das Mädchen einen roten Pullover, einen roten Leinenrock und Turnschuhe aus blauem Segeltuch getragen habe. Außerdem hatte sie eine Tasche aus Kunststoff dabei und ein großmaschiges Einkaufsnetz. Nach dem kurzen Gespräch trennten sich beide. Roswitha, so die Zeugin Greim, wäre danach in den Steinweg gelaufen. Sie war offenbar die letzte, die das Mädchen gesehen hat.«

»Lässt sich das mit Bestimmtheit sagen?«

»Absolut. Wir haben rund um den Friedhof jeden Anwohner befragt, wir haben die üblichen Zeugenaufrufe in der lokalen Presse veröffentlicht, die Genossen Abschnittsbevollmächtigten sind treppauf, treppab gelaufen – keine Hinweise, keine Spur. Niemand hat das Mädchen an jenem Tag nach Frau Greim noch einmal gesehen, jedenfalls fanden wir keinen. Wir haben alle Lauben am Stadtrand durchsucht, alle leerstehenden Gebäude im Stadtgebiet, die SERO-Annahmestellen, alle Keller und Dachböden, Parkanlagen, abgelegene Winkel. Wir waren selbst unterm Dach der Nikolaikirche …«

Wenzel blickt ratlos in die Runde. »Die Abschnittsbevollmächtigen haben gut gearbeitet«, sagt er, was natürlich auch heißt, dass man es selber auch tat. »Wir glaubten sogar, dass wir den Täter bereits hätten, nachdem wir alle einschlägig Auffälligen und Vorbestraften unter die Lupe nahmen. Der eine, ein Mann um die Fünfzig, der als Kinderficker …«

Der Major aus Dresden, offenkundig der Chef der Truppe, räuspert sich vernehmlich.

»… der wegen eines Sexualdeliktes einsaß, hatte für die fragliche Zeit kein Alibi. Er hatte nach eigenen Angaben wie meist mit seinen Saufkumpanen auf dem Nikolaifriedhof die Nacht vom 19. auf den 20. Juli durchgezecht und dann den halben Tag in einem der Grufthäuser verschlafen, wie er sagte. Seine Zechbrüder hatten sich noch in der Nacht verdrückt, so dass ihm niemand bestätigen konnte, dass er tatsächlich an jenem Vormittag dort oben gepennt hat. Natürlich fanden wir dort leere Flaschen und Zigarettenkippen, aber was beweist das schon? Bei der Einvernahme hat er viel wirres Zeug erzählt, aber uns wurde bald klar, dass er es nicht gewesen sein konnte. Das ist ein schwerer Alkoholiker, da rührt und regt sich nichts mehr. Das Einzige, was den noch antreibt, ist eine gefüllte Flasche.«

»Haben Sie Hunde eingesetzt?«, meldet sich der von der MUK wieder. Es ist ein kräftiger Mann mit Bauchansatz und Halbglatze, sein Gesicht wirkt nicht unfreundlich.

»Haben wir, Genosse Major«, reagiert Wenzel gelassen, »aber das Ergebnis war, wie nicht anders zu erwarten, gleich null. Die Spuren waren zu alt, außerdem waren in der Folgezeit unzählige Personen über die Straße gelaufen. Nicht zu vergessen der viele Regen, der in den Tagen danach gefallen ist.«

»Ich meinte ja keine Fährtensuchtiere, sondern Leichenspürhunde.«

Wenzel verzog sein Gesicht zu einem maliziösen Grinsen. »Kannst du mir mal verraten, *wo* wir einen Leichenspürhund einsetzen sollen, wenn wir noch nicht einmal wissen, *ob* es überhaupt eine Leiche gibt?«